目次	Index	Sommaire
一幸庵店主 水上力	Profile of Chikara Mizukami	Chikara Mizukami, pâtisserie Ikkoan
季節について	Seasonal expressions	À propos des saisons
菓子 1候から72候	*Wagashi* : Seasonal moments 1 - 72	Les pâtisseries : de la 1ère à la 72ème saison
茶の味と菓子 について	The flavor of tea and *wagashi*	Saveur du thé et *wagashi*
見立てと写しについて	Abstract and concrete interpretations	Abstrait et concret
用語解説	Vocabulary	Glossaire

一幸庵店主

水上 力　Chikara Mizukami

東京在住　一幸庵店主
1948年2月27日生まれ、東京都出身。
1971年より京都で丁稚奉公から和菓子職人
としての修行を開始
1976年に名古屋にて修行を終える
1977年 東京にて 一幸庵開店

現代の和菓子職人として、国際的かつ、多岐にわたった活動を行っている。
ヴァローナ・ジャポン・エコール東京や仏サダハルアオキや仏ジャン・シャルル・ロシュを始めとする、国際的なチョコレート会社やパティスリーメゾンと、積極的なコラボレーションを行っている。
仏ヴァローナ社の招待によりイタリア・ミラノで開催された食のエキシビションである"Identita Golose"でのデモンストレーションや、トップパティシエが集まる「ルレ・デセール・インターナショナル」日本会議でのデモンストレーション、ロサンゼルスジャパニーズ・アメリカン・ナショナル・ミュージアムでの講演など、積極的なデモンストレーション/講演を国際的な場で行う。

Owner and master *wagashi* (Japanese confections) craftsman of Ikkoan in Tokyo
1948, February 27 - born in Tokyo
1971 started his wagashi apprenticeship training in Kyoto
1976 completed his training in Nagoya
1977 opened Ikkoan in Tokyo

As a contemporary *wagashi* master, his active role in a wide range of interests is focused not solely in Japan but is international as well.
Over the years, Mizukami has done many collaborations with international chocolate companies or patisserie houses such as Valrhona Japon (Ecole de Tokyo) the French patisserie Sadaharu Aoki and France's Jean-Charles Rochoux in Paris. Mizukami has conducted many lectures and demonstrations internationally such as - a demonstration in Milan at the Identita Golose, an international congress devoted to gastronomy, which he attended at the invitation of Valrhona France. - a demonstration in the Japanese delegation site at the Relais Desserts International, an assembly of top international pastry chefs. - a lecture at the Japanese American National Museum in Los Angeles, etc.

Artisan-pâtissier fondateur d'Ikkoan, pâtisserie traditionnelle à Tokyo
1948　Naissance à Tokyo, le 27 février
1971　Début de son apprentissage à Kyoto
1976　Fin de son apprentissage à Nagoya
1977　Ouverture d'Ikkoan à Tokyo

Particulièrement actif dans la profession aujourd'hui, Chikara Mizukami s'investit dans des domaines variés notamment à l'international.
Chikara Mizukami collabore avec des maisons de pâtisserie-chocolaterie de renom comme, par exemple, Valrhona Japon (Ecole de Tokyo), Sadaharu Aoki et Jean-Charles Rochoux à Paris.
Il effectue régulièrement des conférences et des démonstrations de pâtisserie japonaise (*wagashi*) à l'étranger, par exemple, lors du salon de la gastronomie « Identita Golose » à Milan, sur l'invitation de Valrhona France ; ou encore à l'occasion de la réunion au Japon des membres de l'association Relais Desserts International qui rassemble les plus grands pâtissiers du monde ; ou enfin au Japanese American National Museum à Los Angeles.

季節について

「四季」という言葉があるように、私たちは季節を大きく4つに分けている。しかし気候や天気の捉え方を変えると、より細やかに季節を感じることができる。

春夏秋冬の四季を、12ヶ月、二十四節気と分け、最終的に二十四節気それぞれを3つずつに分けた、七十二候という季節の捉え方がある。現代の暦で言うと第一候は2月に始まり、およそ5日に一回季節が動いていく。1月末に最後の第七十二候をむかえ、七十二候は一周する。

七十二候は、古くに中国から季節ごとの吉兆を占う易として日本に伝わり、それを暦として日本の風物に合わせて季節の名前を変えたものだ。

東から吹く風が氷を溶かす情景から、一年の季節を巡り、寒さの中で鶏が卵を抱くまで、七十二候では様々な情景が季節の移り変わりと共に描写される。

日本人は占いの易としてではなく、季節を感じ、楽しむためにこの七十二候を使ったと考えている。

古来職人が暦と対話をするようにあらゆる作品に季節を込めてきたように、感じる日々の変化と七十二候を対話させるように、季節を感じながら自分は和菓子を作っている。

季節がいつのまにか春から夏へ、夏から秋へ、秋から冬へ変わるように、季節を表す言葉を追い、情景を表現する和菓子を口にしながら、一年が巡っていく。そんな季節の感じ方を和菓子に込めている。

Seasonal expressions

The year is generally divided into four seasonal parts. When the nuances of climate and weather changes become additional considerations, however, these seasons can be divided into more subtle and delicate moments.

The four seasons of spring, summer, autumn and winter are divided among the 12 months. In Japan, there are also are 24 intervals (*sekki*). These 24 intervals are divided by 3 into 72 ephemeral seasonal moments (*ko*). Within the modern calendar, the first season of spring would start with February. Generally speaking, there is a seasonal change about every 5 days, the 72nd change, which occurs towards the end of January of the following year, would signal the completion of one year's cycle.

Traditionally, the lunar calendar with its 72 seasonal moments was brought to Japan from ancient China where it was originally associated with the practice of divination to help determine auspicious signs. The monthly names of this calendar, however, were changed to reflect Japan's seasonal environment.

The annual cycle of this calendar starts with the image of the Eastern wind melting the ice, and ends in the cold just as hens nest to protect their newly laid eggs. Through these 72 fleeting seasonal moments, many different images can be created which capture and portray an instance in nature.
I think the Japanese used the 72 seasonal moments not in association with divination practices to tell personal fortunes but rather to sense the seasons and their subtle changes. It is for this reason that I thought it would be fun to select and illustrate 72 examples of *wagashi*.

Just as past wagashi masters, who have had a deep and nuanced feeling of seasonal changes and whose devotion to these subtle periods has been demonstrated through a dialogue with the sweets they made, I too feel and sense the seasonal fluctuations as I make *wagashi*. By expressing the elusive moments in the calendar year, the perception of daily changes, or an understanding of the 72 seasons, *wagashi* masters remind us of the unacknowledged beauty that surrounds us each and every day. I am always in pursuit of ways to express those undetected moments.

While you eat a *wagashi* that expresses a particular sentiment, it seems as though spring has become summer / summer has turned to autumn, autumn to winter and almost without knowing it, the cycle for one year is complete. Through this way of sensing the Japanese seasons I devote myself to *wagashi*.

A propos des saisons

Comme le terme japonais *shiki* l'indique, les Japonais ont l'habitude de distinguer quatre saisons. En appréhendant de manière différente le climat et le temps, il est cependant possible de ressentir les saisons de façon bien plus sensible.

Selon le calendrier traditionnel au Japon, les quatre saisons conventionnelles que sont le printemps, l'été, l'automne et l'hiver se déroulent également sur une année de 12 mois mais ces 12 mois sont divisés en 24 sections saisonnières (*sekki*), puis chaque section en 3 pour aboutir à un total de 72 saisons (*kô*). Si l'on se réfère à notre calendrier actuel, la première saison de ce calendrier traditionnel commence au mois de février, les saisons changeant tous les 5 jours environ. La dernière saison se situe à la fin du mois de janvier, clôturant ainsi la ronde des 72 saisons.

Introduit il y a fort longtemps de Chine comme méthode de divination des saisons, ce calendrier a modifié le nom des saisons japonaises tout en s'adoptant aux us et coutumes spécifiques de l'archipel.

Commençant par le moment où le vent qui souffle de l'est fait fondre la glace, passant par chaque saison de l'année pour arriver au moment où les poules sont rentrées au poulailler, le calendrier dépeint des paysages, des scènes de chaque temps de l'année.

Les Japonais n'utilisaient pas ce calendrier à des fins divinatoires mais pour ressentir pleinement et célébrer les 72 saisons.

Tout comme les pâtissiers japonais faisaient autrefois écho au calendrier en parlant des saisons à travers l'ensemble de leurs oeuvres, je guette les changements de la nature au quotidien, me réfère à ces 72 saisons et me mets entièrement à l'écoute des saisons lorsque je confectionne mes *wagashi*.

De la même façon que les saisons passent, sans que l'on s'en rende vraiment compte, du printemps à l'été, de l'été à l'automne, de l'automne à l'hiver, nous dégustons tout au long de l'année des wagashi qui évoquent, par leur nom et par leur apparence, le passage des saisons. C'est cette sensibilité japonaise aux saisons que je cherche à exprimer à travers les *wagashi* que je confectionne.

第 1 候

東風解凍

はるかぜこおりをとく

空気まで凍りつく寒さの中、東から暖かい風が吹き、厚い氷を溶かしていく。
春霞が空にかかり、風と光をやわらかく変えながら季節は春へと動いていく。
春霞がかかったような3色のこなしで粒餡を巻く。
上に春霞の紋の焼き印を空押しし、春風に溶けゆく霜の粒子を模した氷餅を散らした。

Spring winds ; melting ice

Although the air is still freezing cold, a warm eastern wind begins to blow, signaling that the thick winter's ice will soon begin to melt. Spring haze hangs in the air; the direction of both light and wind begins to gently change as the season shifts towards spring.
Tinted like the spring haze, a piece of tri-colored *konashi* is wrapped around a ball of *tsubu-an*. On top; bits of *kôri-mochi* are sprinkled across the surface, suggesting the remaining cold. Using a decorative brand (*yaki-in*) pattern for "spring haze" is impressed into the surface. It is as though the frost is melting in the spring wind as it pushes winter aside.

Vent printanier chassant la glace

Quand le froid est si perçant que l'air gèle, un vent doux venant de l'est souffle et commence à faire fondre les épaisses couches de glace.
Une brume printanière envahit alors le ciel ; adoucissant le vent, la lumière, elle nous entraîne vers le printemps.
Konashi tricolore aux teintes estompées par la brume printanière, garni de *tsubu-an*.
Le motif traditionnel de la brume printanière a été apposé au fer non chauffé. Quelques brisures de *kôri-mochi* en surface pour rappeler le givre qui fond au contact de ce vent doux annonçant le printemps.

012

第 2 候

黄鶯睍睆
うぐいすなく

春告鳥とも呼ばれるうぐいすはその声で春を告げる。冬から春に移りゆく時期には、誰もが知るうぐいすの鳴き声ではなく、地鳴き、笹鳴きと呼ばれる微かな声が響く。
羽二重餅をのばした上に、羊羹を薄く流し漉し餡をのせてたたむ。
うぐいすの目は胡麻で、柔らかな羽毛は青大豆で作った黄粉を振りかけて作った。

Gentle call of the Japanese bush warbler (*Uguisu*)

This bird is also referred to as the bird which heralds spring, much like the robin in the West. At the point when winter transitions into spring, his familiar song, faint, indistinct and not quite yet in tune, reverberates with the proclamation that spring has arrived.
Habutae-mochi is rolled into a thin sheet on top of which a thin layer of *yōkan* is poured. *Koshi-an* is then placed on top of the yōkan. The eye of the Japanese bush warbler is made with a black sesame seed, the soft wings are lightly dusted with green soy bean powder (*ao-kinako*).

Premier cri du rossignol (*uguisu*) dans la nature

Comme une autre appellation (*harutsugedori*) l'indique en japonais, le rossignol annonce de son chant la venue du printemps. Il faut cependant noter qu'au moment de la transition entre l'hiver et le printemps, il n'entonne pas le refrain qu'on lui connaît mais pousse de petits cris brefs.
Fond de *habutae-mochi* sur lequel a été coulée une fine couche de *yōkan*, le tout a été garni de *koshi-an* puis replié.
Une graine de sésame noir pour l'oeil du rossignol, et de la poudre de soja vert (*ao-kinako*) saupoudrée en surface pour son doux duvet.

014

第 3 候

魚上氷

うおこおりをいずる

冬の氷の下、魚は動かずじっと寒さに耐えている。
やがて水が温かくなると、魚は水面に上がり、その営みを始める。
水面につけた波紋と、錦玉羹（きんぎょくかん）に入れた一粒の小豆で、
寒さの中に生きる魚を表現した。上に、水面に落ちる梅の花をそっとのせ、
ようやく感じられる水の温もりを表現した。

The fish yields to the ice

Underneath the winter ice, fish remain motionless as they endure winter's cold. Finally, as the water begins to warm, the fish rise to the surface, beginning nature's annual cycle.
On the water's surface a pattern of ripples, one small *azuki* in the clear *kingyoku-kan*, reflects a solitary fish as it motionlessly weathers the cold. On top, a fallen plum blossom is gently placed, suggesting that at last one can sense the water's tinge of warmth.

Poisson se libérant de la glace

Sous la glace en hiver, les poissons restent immobiles et endurent le froid.
Quand l'eau se réchauffe enfin, ils remontent en surface pour reprendre un mode de vie normal.
Des ondulations à la surface de l'eau et une petite graine d'*azuki* prise dans le *kingyoku-kan* représentent un poisson qui résiste au froid tant bien que mal. Une fleur de prunier tombée en surface suggère que l'eau commence peu à peu à se réchauffer.

016

第 4 候

土脉潤起

つちのしょううるおいおこる

寒さが少しずつ和らぎゆく中、雨の訪れと共に土は湿り気を帯びていく。
湿度が伝わると同時に、土にも温もりが伝わっていく。
雨が染み渡っていく大地を村雨で作った。その上に波形包丁で切った錦玉羹をのせ、
大地を流れていく雨水を表現した。

Water awakens the earth's pulse

Together with the advent of early spring rains, the cold begins to lessen little by little, and the ground becomes tinged with moisture. Along with the rising humidity, the earth begins to warm.
An image of the rain penetrating the earth is made from *murasame*. On top, using a "ripple" shaped knife blade, a triangular shaped piece of *kingyoku-kan* is placed, illustrating the earth being covered with flowing rain water.

Le réveil de la terre

Tandis que le froid se fait peu à peu moins perçant, l'arrivée de la pluie charge la terre d'humidité. S'infiltrant peu à peu dans le sol, cette pluie lui apporte aussi un peu de chaleur.
La terre où s'immiscent peu à peu les gouttes de pluie est représentée ici par un fond de *murasame*. Une fine couche de *kingyoku-kan* coupée au couteau dentelé évoque l'eau de pluie qui mouille le sol.

018

第 5 候

霞始靆

かすみはじめてたなびく

霞が地にたなびき始める頃には、大気は春らしく変化し、
暖かさが肌で感じられるようになる。
温かさと湿り気を帯びた繊細な春の大気を、白と桃色の2色のきんとんで表現した。
線にした薄青のこなしを乾燥させ、たなびく霞を作った。

Spring haze begins to hang in the air
When the spring haze begins to hang over the land, the air becomes very spring-like ; its warmth gradually is felt on one's skin.
Fine threads of white and peach colored *kinton* suggest the warmth and humidity tinged delicate spring atmosphere. The strands of pale blue, made from dried *konashi*, indicate the overhanging mist.

Premières brumes
Lorsque le brouillard tapisse les champs, l'air s'adoucit et le changement de température devient perceptible.
L'atmosphère délicate du printemps, où se mêlent douceur et humidité, est représentée par des *kinton* bicolores, blanc et rose pâle. Les traînées de brume qui s'élèvent sont figurées par des filaments bleu pâle de *konashi* que l'on a fait sécher.

第 6 候

草木萠動

そうもくめばえいずる

雪に覆われる山中でも、芽生えと共に雪が溶け、いよいよ冬は終わる。
名残の雪を笠のように冠る山の姿に倣い、人々も仕事の装いで田畑へと向かう。
ふんわりとした薯蕷饅頭の生地を雪に見立てて丸く抜き、漉し餡をはさんだ。
薯蕷饅頭の生地を雪溶けのように抜き、緑のきんとんで春を告げる新芽を入れた。

Plants begin to sprout

Even in the snow covered mountains the snow melts, and young shoots begin to show their heads, evidence that winter has finally ended. In the valleys and plains below the mountains, covered in lingering snowy caps, people in their work clothes begin to head back to the fields.
A ball of *koshi-an* is sandwiched between two layers of light, fluffy *jōyo-manjū* skin. The top layer is cut in a donut shape and takes on the appearance of patches of lingering melting snow. In the center, young shoots of spring, strands of green tinted *kinton*, are placed.

Eclosion d'une jeune pousse

Même au cœur des montagnes recouvertes de neige, les premières pousses apparaissent à la fonte des neiges et l'hiver s'achève enfin. Imitant la montagne qui arbore les dernières neiges comme un chapeau de paille, les hommes ont revêtu leur tenue de travail pour aller dans les champs.
La neige est représentée par une pâte à *jōyo-manjū* légère, détaillée en un cercle et garnie de *koshi-an*. La pâte est percée en son milieu, comme si la neige avait fondu, laissant entrevoir une jeune pousse - un *kinton* vert - qui annonce la venue du printemps.

022

第 7 候

蟄虫啓戸

すごもりむしとをひらく

固く凍った土も溶け、柔らかくなった大地から虫や新芽が顔を出す。
新芽の生き生きとした姿は、春の到来と夏に向け育ちゆく姿を予感させる。
中華種で餡をはさみ丸く抜いた。上にわらびの焼き印を押し、その根元に賽の目に切った緑の羊羹を添え、若草の芽吹きを表した。季節の名に倣い、戸を開くように皮をずらし、はさんだ餡を見せた。

Hibernating insects begin to emerge

As the frozen ground melts, insects and new shoots begin to poke their heads out from the softening earth. These shoots, full of new life, bear the promise of spring's arrival and as they grow, the arrival of summer seems closer.

Red bean paste is sandwiched between two layers of *chūkadane*. The top is decorated with a decorative brand (*yaki-in*) of a young fernbrake, or *warabi*. At its base are small cubes of green tinted *yōkan*, suggesting young grass seedlings beginning to sprout. A small wedge of the top skin is moved to the side, like an open door, revealing the *an* beneath.

La terre ouvre sa porte

La terre gelée par le froid s'attendrit, laissant insectes et jeunes pousses s'en échapper. La vigueur de cette végétation annonce l'arrivée du printemps et sa prolifération jusqu'à l'été.

Chūkadane fourré et détaillé en cercle. Au pied du motif de la fougère (*warabi*) apposé au fer chaud (*yaki-in*), des dés de *yōkan* vert expriment l'émergence des jeunes pousses. Comme l'indique l'intitulé, une porte laisse entrevoir la garniture à l'intérieur.

第 8 候

桃始笑

ももはじめてさく

桃の木は花を咲かせると同時に、青々とした葉の姿を見せる。
３千年に一度実をつける西王母の桃を口にし、３千年の命を得た中国の故事があり、
それにあやかり、雛祭（桃の節句）に飾る、女児の健やかな成長を象徴する植物である。
桃の花が咲いたぽってりとした姿を目の細かいきんとんで表現した。
添えた緑のきんとんは、花と共に葉をつける桃の開花の様子を表している。

The peach begins to bloom

It is said that the fairy queen Seiōbo resides in the *Konron* Mountains of China. If anyone were to take a bite of a peach from the tree in her garden, they would be granted 3,000 years of life.Because of this association, the peach is traditionally associated with The Doll Festival (*Hina Matsuri*) and families wishes for health and longevity of their young daughters.
When the peach starts to bloom, its fresh green leaves also become visible. To indicate the nice plump shape of its flowers, fine strands of peach tinted *kinton* are used. Its fresh young leaves, depicted with small clumps of green *kinton*.

Floraison des pêchers

Les fleurs du pêcher éclosent en même temps que ses feuilles. D'après la légende chinoise quiconque mangerait le fruit du pêcher de la déesse Seiôbo vivrait 3000 ans. Au Japon, le pêcher est traditionnellement associé à la fête des poupées (*Hina Matsuri*) dite aussi « fête du pêcher », lors de laquelle les familles présentent à leurs filles leurs vœux de santé et de longévité.
Un *kinton* extrêmement fin évoque les belles formes pleines de la fleur de pêcher. Les petits bouquets vert éparpillés en surface, renvoient à la simultanéité de l'apparition des fleurs et des feuilles.

第 9 候

菜虫化蝶

なむしちょうとなる

黄色い花が一面に咲く菜の花畑を、青虫から羽化した蝶が飛び交う。
その姿は蝶が春の訪れと自らの成長を祝って、舞を踊っているように見える。
よもぎを混ぜた上がり羊羹と黄の軽羹で見渡す限りに広がる広大な菜の花畑を作った。
上に三角に切ったこなしをのせ、春の空を舞う蝶に見立てた。

The caterpillar becomes a butterfly

Yellow rape blossom (*nanohana*) flowers completely blanket the spring field. A little green caterpillar transformed into a butterfly flutters over the field. This butterfly heralds spring and as it prays for growth, it dances over the flowers.
 Mugwort (*yomogi*) mixed with *agari-yōkan* and yellow *karukan* create and expansive field of rape blossom flowers. On top are placed two tiny triangular shapes of *konashi* ; in the spring sky, dancing butterflies.

Renaissance des papillons

Sortis depuis peu de leur chrysalide, les papillons virevoltent au-dessus d'un champ jaune vif, un champ de colza (*nanohana*) en pleine floraison. Les papillons qui voltigent semblent danser, célébrant l'arrivée du printemps mais aussi fêtant leur propre renaissance.
Le vaste champ de colza qui s'étend à l'infini a été confectionné en superposant un fond de *karukan* jaune à un fond d'*agari-yōkan* parfumé à l'armoise japonaise (*yomogi*). Des triangles de *konashi* ont été déposés en surface pour évoquer les papillons qui parcourent le ciel printanier.

028

第 10 候

雀始巣

すずめはじめてすくう

雀は、敵や飢えを避け、農家の藁葺き屋根に巣を作る。
巣が完成すれば、雀はようやく落ち着いて子を生み、育て始める。
蕎麦薯蕷饅頭を田舎家（いなかや）の型で作った。ふっくらした饅頭の質感で、
雀が子育てのために巣を作る藁葺き屋根を表現した。

Nesting sparrows

To avoid competitors or enemies, the sparrow builds it nest in the farmer's thatched roof. When finished, the sparrow can finally rest and begin to raise its hatchlings.
A soba *jōyo-manjū* in the shape of a traditional thatched roof farm house. The airy, puffy quality of the manjū creates the feeling of a thatched roof nest in which the young birds will be raised.

Les moineaux font leur nid

Fuyant les ennemis et la faim, les moineaux bâtissent leur nid sous les toits de chaume des fermes. Leur nid construit, ils mettent alors au monde leurs petits et commencent à les élever. *Jōyo-manjū* à la farine de sarrasin cuit dans un moule en forme de ferme. La texture extrêmement douce de ce gâteau fourré rappelle les toits de chaume où les moineaux installent leurs nids.

第 11 候

桜始開

さくらはじめてひらく

桜は咲いてからわずか2週間ほどで散ってしまう。
古くから日本人は満開の桜の美しさと、散ってしまう儚さに様々な想いを託した。
白い薯蕷練りきりに桃色をぼかして漉し餡をはさみ、金箔と花びらに抜いたこなしを散らした。人の心や風景の中を流れるように散る、華やかな桜吹雪を表現した。

First cherry blossoms of spring

In only two weeks after the cherry trees (*sakura*) begin to blossom, the blooms have scattered. Since times past, whether they are in full bloom or their petals have begun to scatter, the Japanese have found the ephemeral beauty of the cherry to be permeated with many emotions and feelings.
Koshi-an is sandwiched between two sheets of white *nerikiri* tinted in a peach to white ombre. Gold foil and little pink *konashi* flower petals are scattered across the surface.

Eclosion des premiers sakura

Les fleurs de cerisiers (*sakura*) tombent après seulement deux semaines de floraison. De tous temps, les sakura en fleur et la fugacité de la chute des fleurs de sakura ont été pour les Japonais une source d'émotion.
Nerikiri blanc avec un dégradé vers le rose pâle, garni de *koshi-an*. Des éclats de feuilles d'or ainsi que des pétales de *nerikiri* ont été dispersés en surface.
La composition représente une douce tempête de pétales de *sakura* en konashi, volant dans toutes les directions de la même façon qu'ils flottent dans le cœur des hommes et dans la nature.

032

第 12 候

雷乃発声

かみなりすなはちこえをはっす

春はまず、音でその始まりを知らせる。遠くに雷の音と稲光を感じれば、やがて温かな雨が降り、激しい天気が嘘のように穏やかな春が訪れる。どら焼きの生地で漉し餡を巻いた。生地の表面に焼き印で雷神の太鼓を表す三つ巴の紋と稲光の金箔を押し、雷の煌めきと轟音を表現した。

Resounding clap of thunder

Stormy weather seems to have suddenly stopped when, from far away, the first reverberating sounds of thunder and lightening are heard, and a warm gentle rain begins to fall, announcing the arrival of spring.
Koshi-an is rolled in a skin of a *dora-yaki*. Imprinted with a hot decorative brand (*yaki-in*) on its surface a 3 comma design, suggesting the thunder god's big drum and its roaring sound, a flash of gold foil lightning is the final touch.

Tonnerre grondant au loin

Le printemps se fait tout d'abord entendre. Lorsque l'on perçoit au loin le tonnerre qui gronde et que l'on voit les éclairs approcher, une pluie tiède ne tarde pas à suivre et le temps devient plus stable, comme par magie, laissant place à cette saison si clémente : le printemps.
Dorayaki fourré au *koshi-an*. Une estampille au fer chaud (*yaki-in*) du motif traditionnel qui représente le tambour du dieu du tonnerre ainsi qu'un éclat de feuille d'or pour l'éclair, renvoient au scintillement et au grondement de l'orage.

034

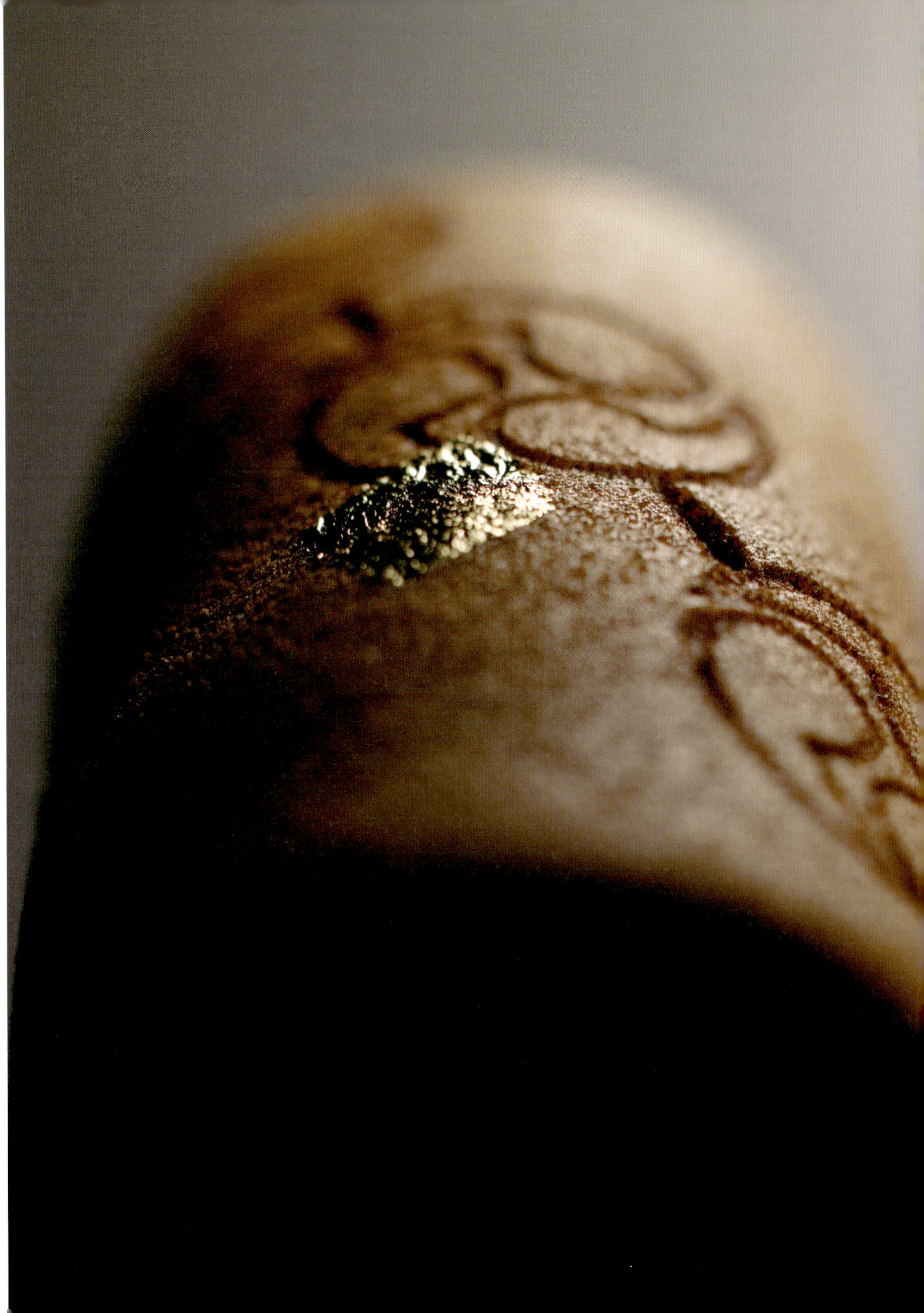

第 13 候

玄鳥至

つばめきたる

柳が新芽を吹く頃、ツバメは子育てのために番いで北から訪れる。
母鳥と父鳥は、巣を作るための材料や餌を求めて空を飛び交う。
千筋（せんすじ）という、溝が無数に入った道具で、2色のこなしに筋をつけた。
柳の葉を思わせる2色のこなしで漉し餡を包み、2粒の胡麻で番いのツバメを表現した。

Swallows arrive

Just as the willow begins to bud, pairs of swallows return from the north to breed. Together the couple flies about in the sky searching out food and nesting materials. A strip of bi-colored *konashi* is pressed into the grooves of a "*sensuji*". The *konashi* with these two colors, reflective of the willow's leaves, is wrapped around a ball of *koshi-an*. Two black sesame seeds suggest the swallows.

Arrivée des hirondelles

Au moment où le saule se couvre de bourgeons, les hirondelles volent deux par deux en provenance du nord pour venir se reproduire. Les futurs parents virevoltent dans le ciel à la recherche de matériaux pour construire le nid, mais aussi de nourriture.
Konashi bicolore strié à l'aide d'un *sensujii*.
La pâte *konashi* dont les coloris rappellent les feuilles du saule est fourrée au *koshi-an*, deux graines de sésame en surface symbolisent le couple d'hirondelles.

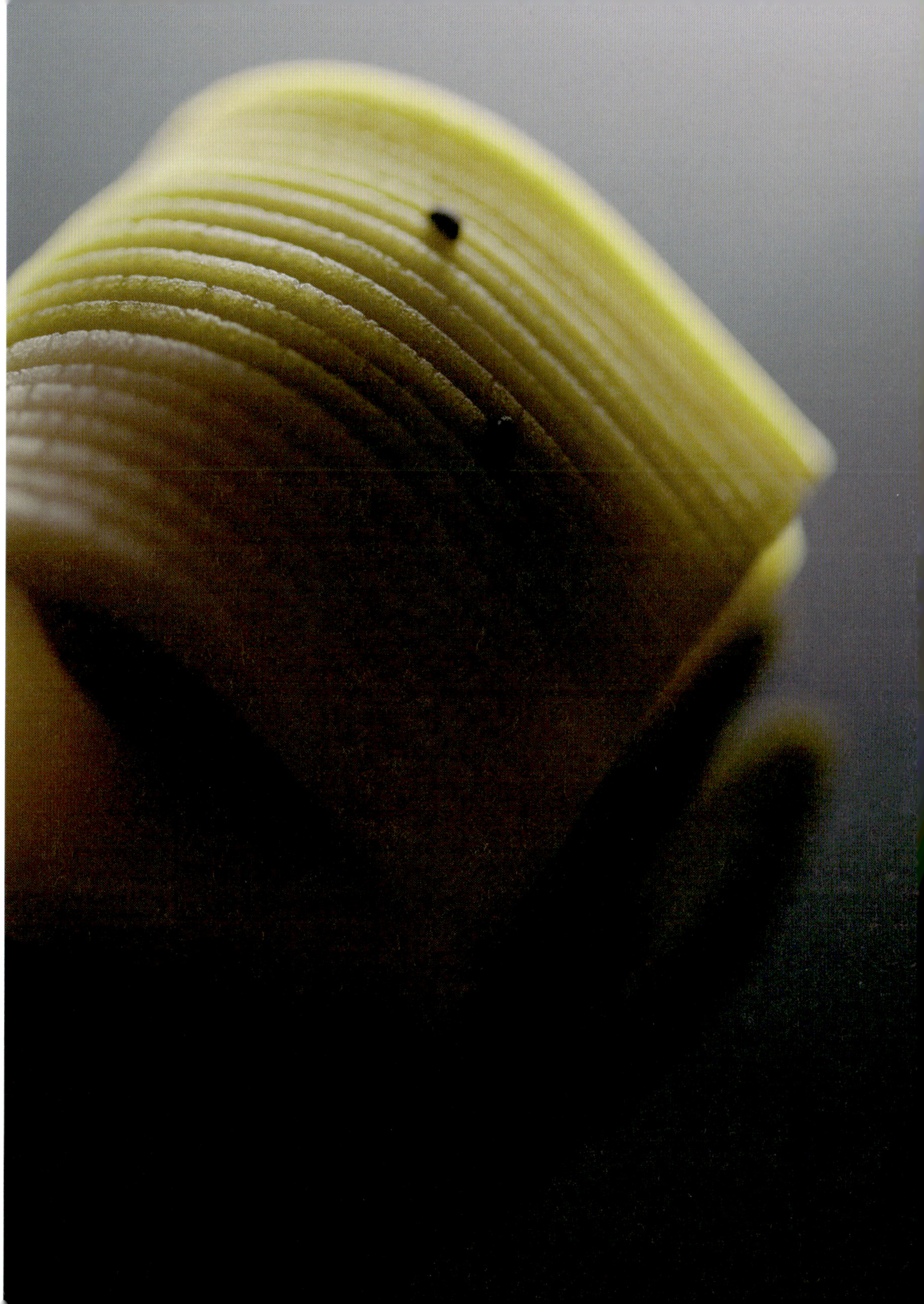

第 14 候

鴻雁北

こうがんかえる

ツバメのように春に訪れる鳥がいる一方で、雁のように越冬のために日本へ渡り、春に子育てのために北に帰る鳥もいる。
弓形の断面で雁を表すユリネを、葛と黒砂糖と共にトヨ型の羊羹流しで固めた。
型に流すことによって水分が残り、艶やかな黒砂糖の中にユリネが浮かび上がる。

Geese return

Unlike the swallow who returns in spring, other birds, such as wild geese, pass the winter in Japan. In the spring, they fly further north to nest.
A bow shaped sliver of lily root bulb (*yuri-ne*) representing the geese, can be seen faintly through a piece of trough shaped *kuzu* mixture which has been made using brown sugar. The lustrous surface and a touch of gold foil complete the picture.

Départ des oies sauvages

S'il y a des oiseaux qui, comme les hirondelles reviennent au printemps, d'autres comme les oies sauvages rentrent au Japon en hiver et repartent dans le nord au printemps. Gelée de *kuzu* au sucre noir coulée dans un moule à bûche, avec des oreillons de bulbe de lys (*yuri-ne*) dont le profil arqué fait penser aux oies sauvages. En faisant prendre le *kuzu* dans un moule, l'appareil conserve une certaine souplesse et le bulbe de lys remonte en surface, illuminé par le sucre noir qui brille.

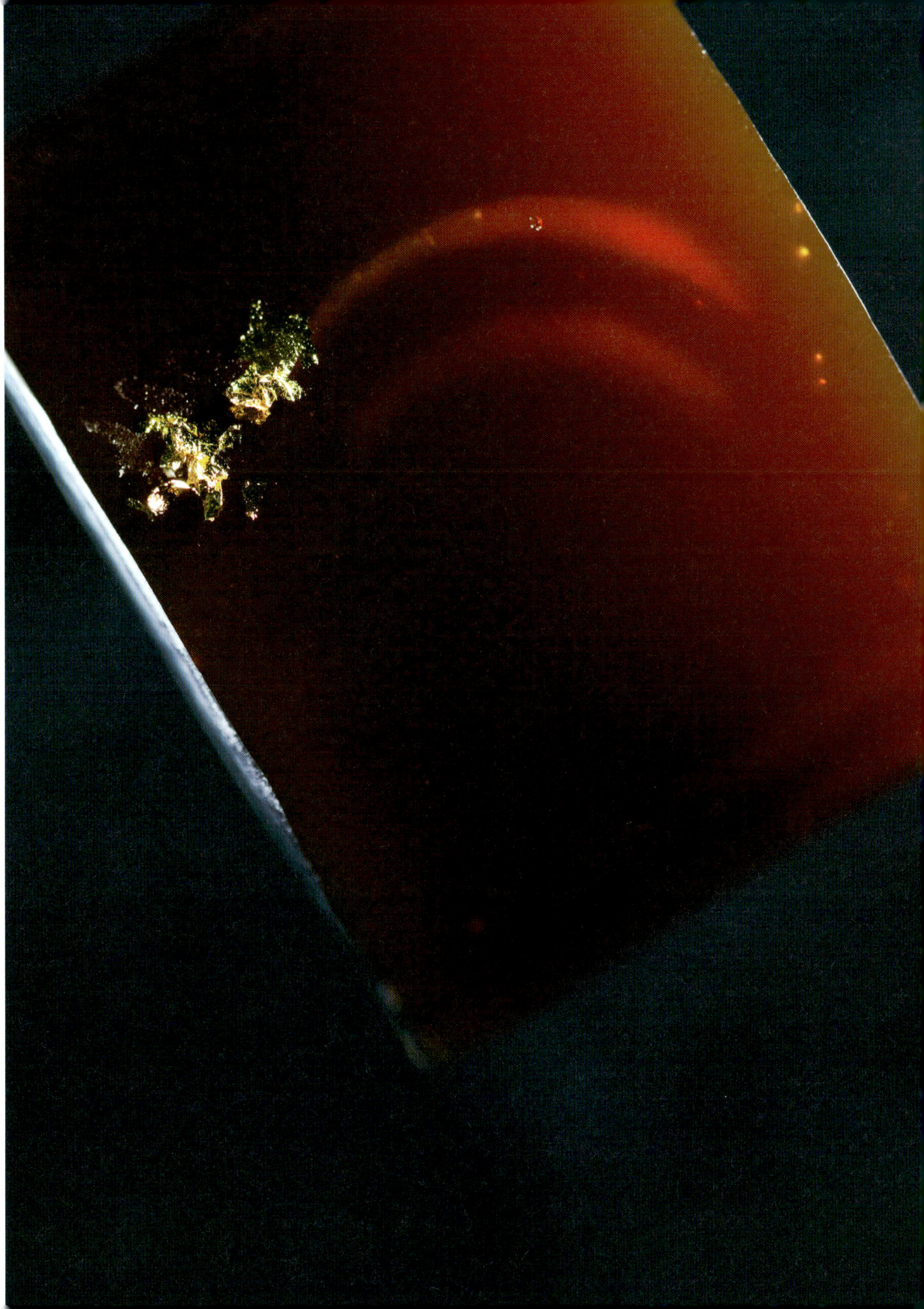

第 15 候

虹始見

にじはじめてあらわる

桜が散る頃、雨の後に湿気を帯びた大気によって虹が現れ始める。
虹を背景に、雨水と共に散った桜の花びらが流れていく。
錦玉羹に桜の花びらを加え、雨に桜が散る一瞬を菓子に封じ込めた。
その上に7色の羊羹をアーチのように渡し、虹が現れる春の情景に見立てた。

A rainbow appears

Around the time the cherry blossoms begin to scatter, and after a rain when the air is tinged with humidity, rainbows start to appear.
As cherry blossom petals fall in the rain, a moment in time is captured in this sweet made of *kingyoku-kan*. On top 7 colors of *yōkan* are arranged in an arch. A spring scene with a rainbow is complete.

Premier arc-en-ciel

Lorsque les fleurs de sakura commencent à tomber, après la pluie, grâce à l'humidité de l'air, les arcs-en-ciel font leur apparition.
Kingyoku-kan aux pétales de *sakura* figeant l'instant précis où les *sakura* sont balayés par la pluie. En son sommet, sept dés colorés de *yōkan* forment une arche, à l'image d'un paysage de printemps avec son arc-en-ciel.

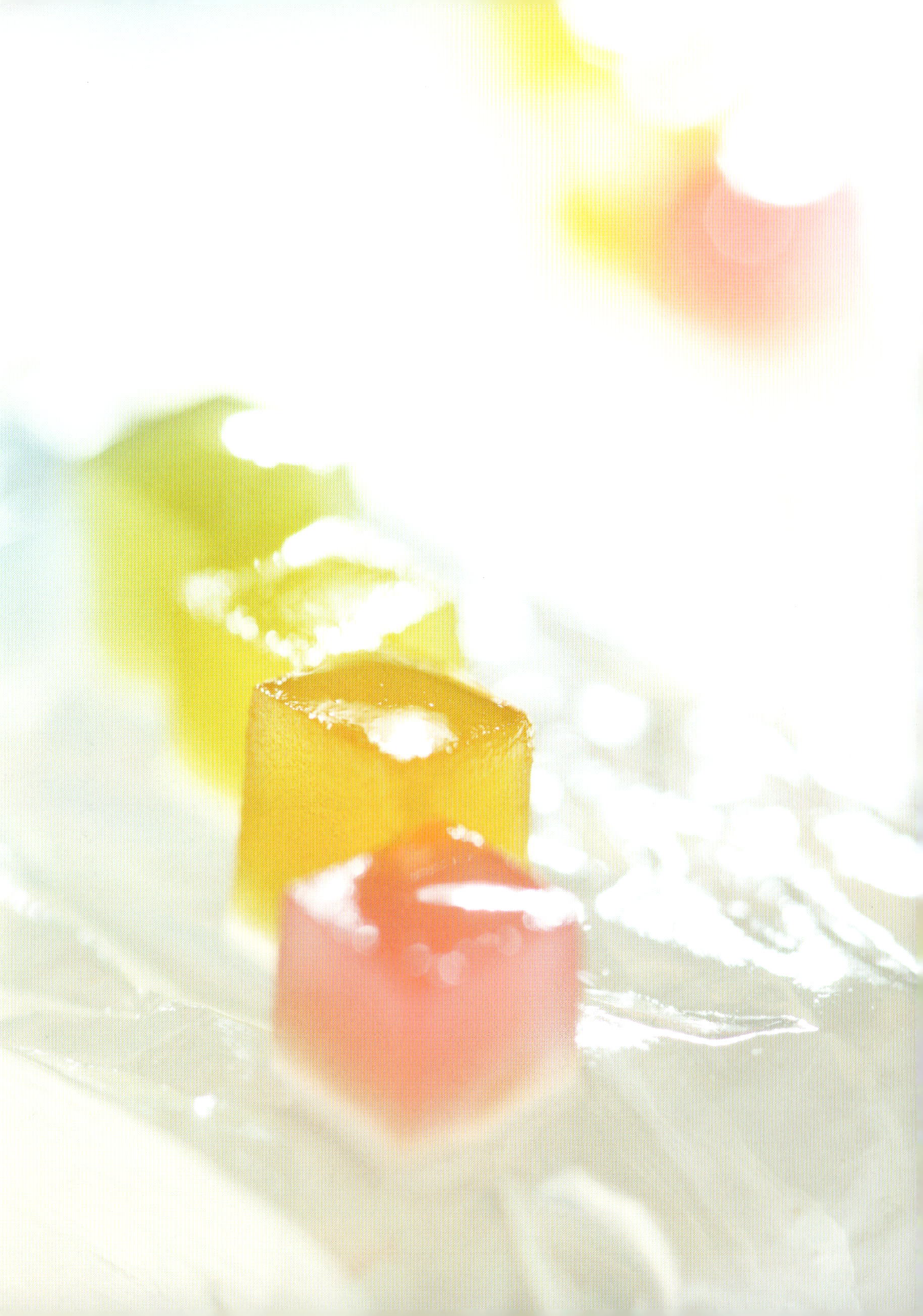

第16候

葭始生

あしはじめてしょうず

耕地にするために、鬱蒼と茂る河原で野焼きを行う。
野焼きの後で穀雨と呼ばれる雨が降ると、葦は一斉に育ち、辺りは葦の芽に覆われる。
薄い紫と黄色の2色のこなしで漉し餡を包んだ。千筋で筋をつけたこなしに葦の焼き印を空押しし、葦の芽が吹く河原の風景を奥行きをもって表現した。

Young reeds

To make land arable, dense overgrown areas of dried river beds are burned. The gentle spring rain that falls after this is literally called "grain rain", meaning that when this rain falls hundreds of grains will be watered. In these areas as the reeds begin to grow, their seedlings sprout.
Using a *sensuji*, equidistant lines are pressed into a strip of pale purple and yellow *konashi* which is then wrapped around a ball of *koshi-an*. A brand with the image of reeds is pressed into the *konashi* creating an image with depth of young reeds growing in a dried river bed.

Roseaux naissants

Afin de rendre arable le lit à sec d'une rivière où prolifère la végétation, on le fertilise par le feu. Après ce défrichage par brûlis, la pluie tombe et bientôt toute la surface du sol se voit recouverte d'un banc de roseaux.
Konashi mauve et jaune garni de *koshi-an*. La pâte a été striée à l'aide d'un *sensuji* et décorée d'un motif de roseaux à l'aide d'un fer non chauffé, apportant ainsi une certaine profondeur à ce champ peu à peu envahi par les jeunes pousses de roseaux.

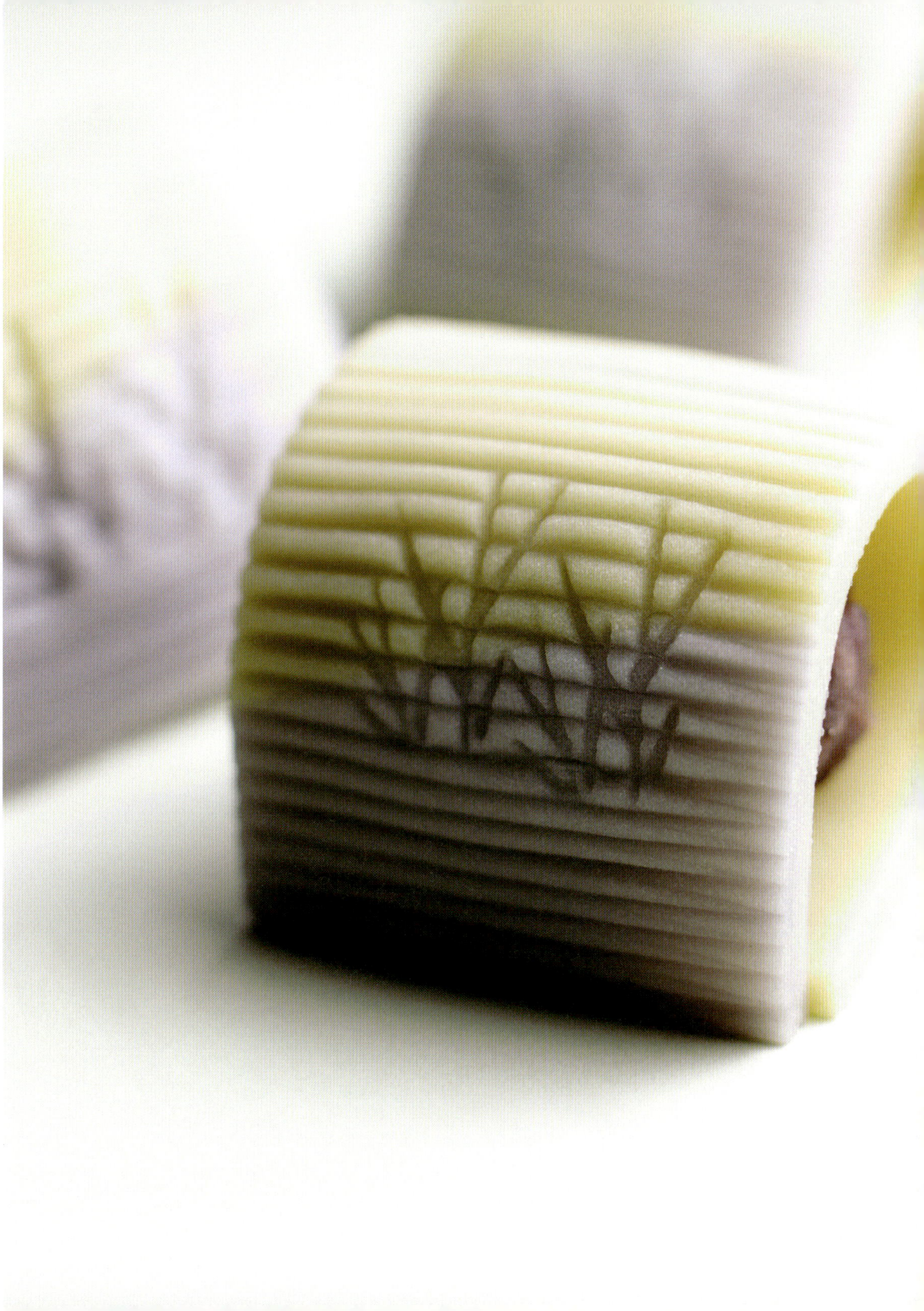

第 17 候

霜止出苗

しもやみてなえいずる

朝の冷気が止み、稲を育てるために適した温かい雨が降り始める。
霜が止むと、人々は田に水を張り、稲の苗を植える準備を始める。
一角が苗で緑になっている田を2色のきんとんで作った。稲の苗を表す繊細な
緑のきんとんと、稲が植えられる前の田を表す漉し餡のきんとんを合わせた。

Frost ends, shoots emerge

The cool morning air has ceased. Warm rains begin to fall, encouraging the rice seedlings to grow. Once the morning frost has ended, farmers fill the fields with water. The preparations for planting the rice seedlings in the fields have begun.
This bi-colored *kinton* suggests a rice field; one side is a field with seedlings which have become green. The other side is a field awaiting the seedlings to be transplanted.

Fin des gelées et repiquage

Le froid du matin s'estompe, laissant place à une pluie d'une température propice à la culture du riz. Quand les gelées cessent, les cultivateurs commencent à irriguer les rizières et à préparer les semis de riz pour le repiquage.
Kinton de deux couleurs qui représente la rizière où seul un coin a été repiqué. Le *kinton* vert d'un grain très fin symbolise les plants de riz, tandis que l'autre rappelle la rizière avant le repiquage des plants.

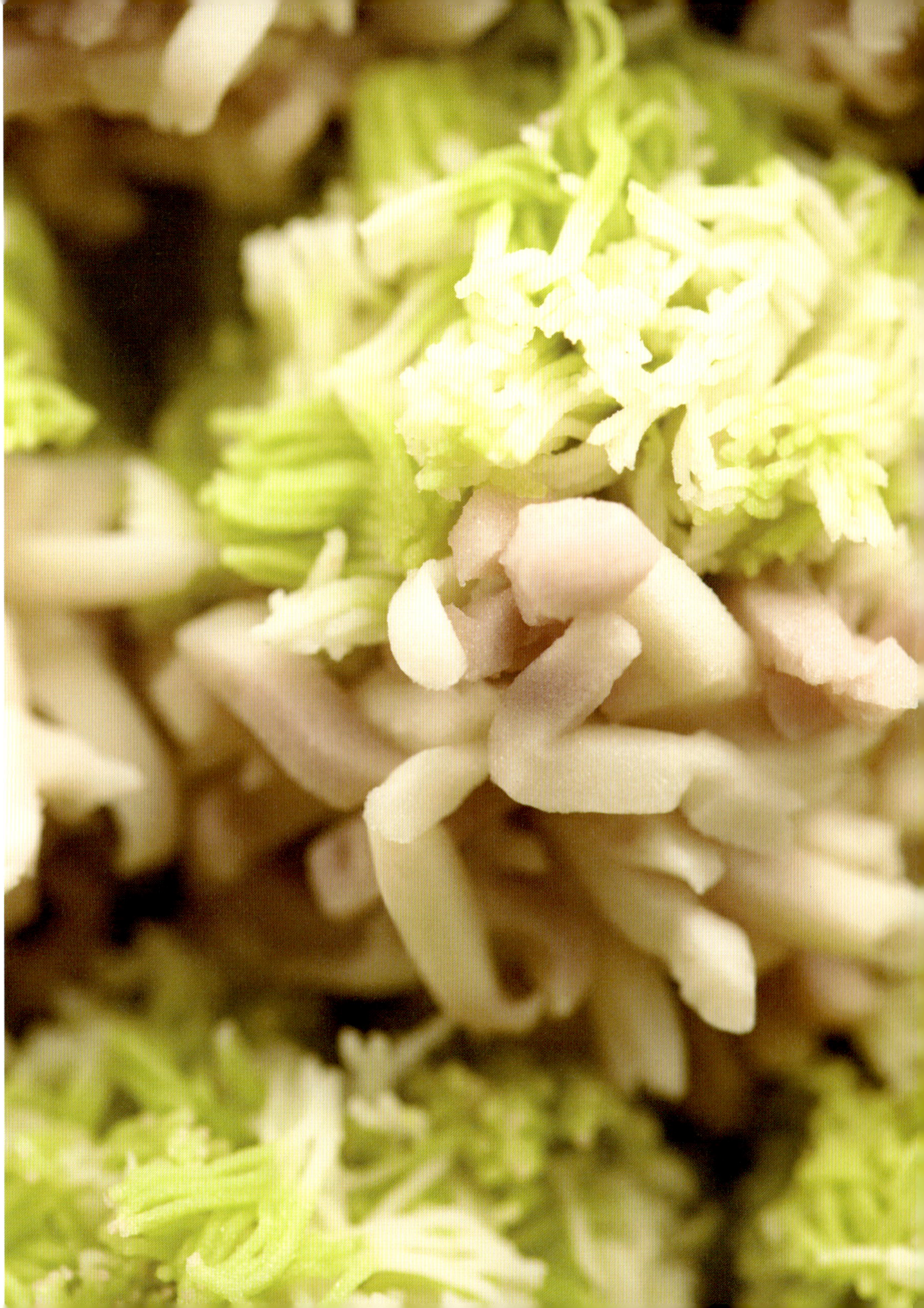

第 18 候

牡丹華

ぼたんはなさく

牡丹は花の王とも呼ばれ、大振りで華やかな花を咲かせる。
花が開く頃は日差しも柔らかく、咲いた花の輪郭が鮮やかに映る。
練りきりを茶巾で絞り牡丹の花びらを作った。
黄色のきんとんを中央に仕込み、大きな花しべを持つ花を表現した。

Peony flower

The peony is known as the king of flowers because of its large ostentatious blossoms. It blooms when the sunlight is very gentle. The contours of its big blossom reflect a graceful quality.
Nerikiri is placed in a fine cloth and squeezed using the *chakin-shibori* technique to create the shape of a peony's petals. Yellow *kinton* is placed in the center, representing the large pistols and stamens of this flower.

Pivoine en fleur

Considérée comme la reine des fleurs, la pivoine porte de grandes fleurs resplendissantes. Au moment où la pivoine fleurit, la lumière du soleil s'adoucit, rendant encore plus éclatants les contours de cette fleur.
Les pétales de la pivoine ont été réalisés en *nerikiri* et façonnés à l'aide d'un tissu (*chakin-shibori*). Au centre, un *kinton* jaune souligne le cœur imposant de cette fleur.

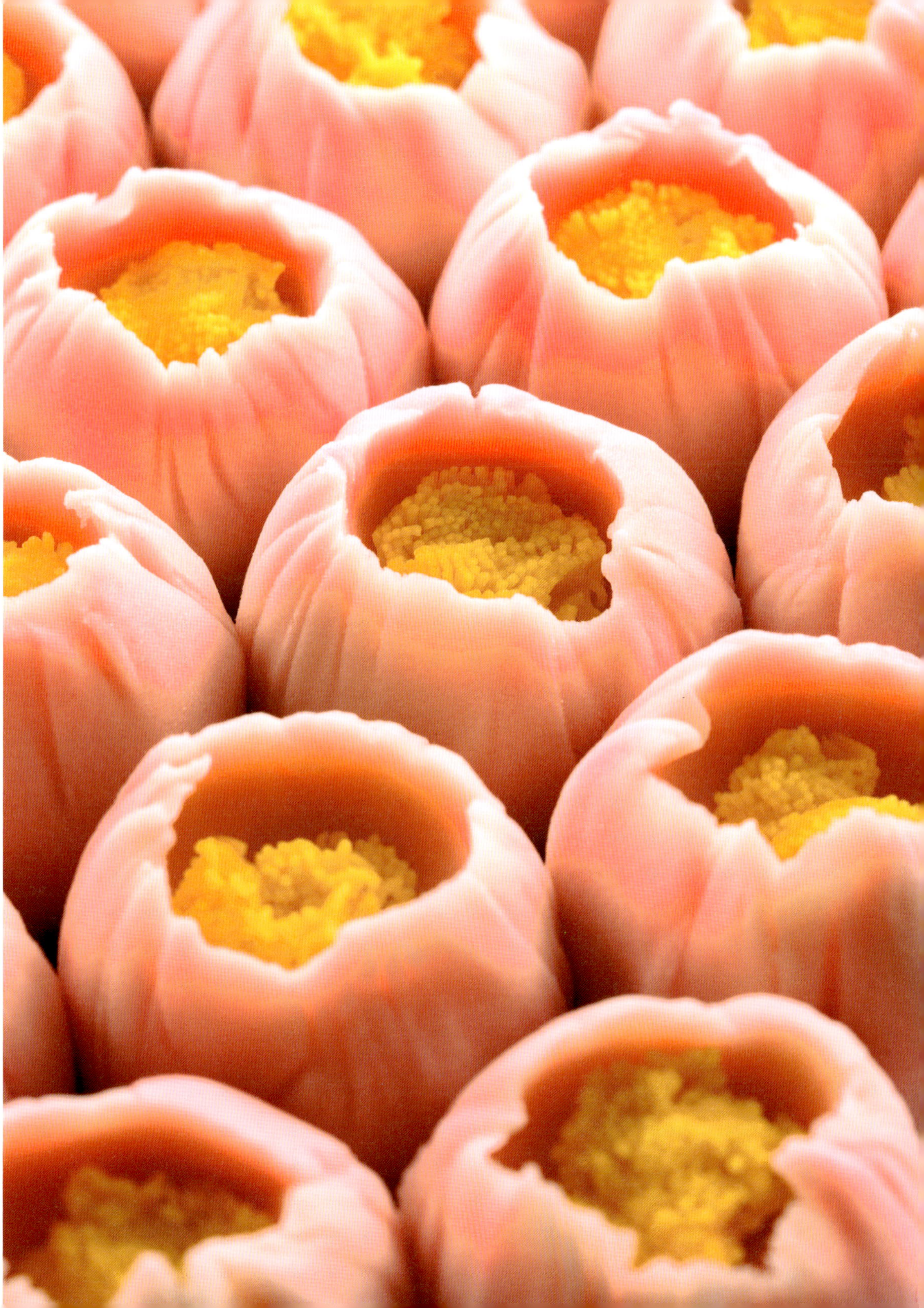

第 19 候

蛙始鳴

かわずはじめてなく

蛙の鳴き声が響く時期は、水を張ったばかりの田に、
小さな早苗（稲の苗）がぽつぽつと並ぶ。
水を張ったばかりの水々しい田の土を黒砂糖餡を裏ごしした大島きんとんで作り、
その上に緑のきんとんの早苗を点在させた。

First croak of the frog

Around the time that the sounds of frogs begin to reverberate, the rice fields are completely covered with water. Here and there little green shoots can be seen scattered across the fields in rows.
The water soaked field is covered with Ōshima kinton of koshi-an strands (Ōshima kinton is made using brown sugar). Little clumps of green *kinton* "rice shoots" dot the surface.

Premiers cris des grenouilles

Au moment où retentit le cri des grenouilles, les jeunes plants apparaissent ici et là en ligne dans la rizière que l'on vient tout juste d'inonder.
La terre humide de la rizière irriguée est représentée par un *kinton* de *koshi-an* au sucre noir (Ōshima kinton). Des jeunes plants de riz - *kinton* vert - apparaissent de-ci de-là en surface.

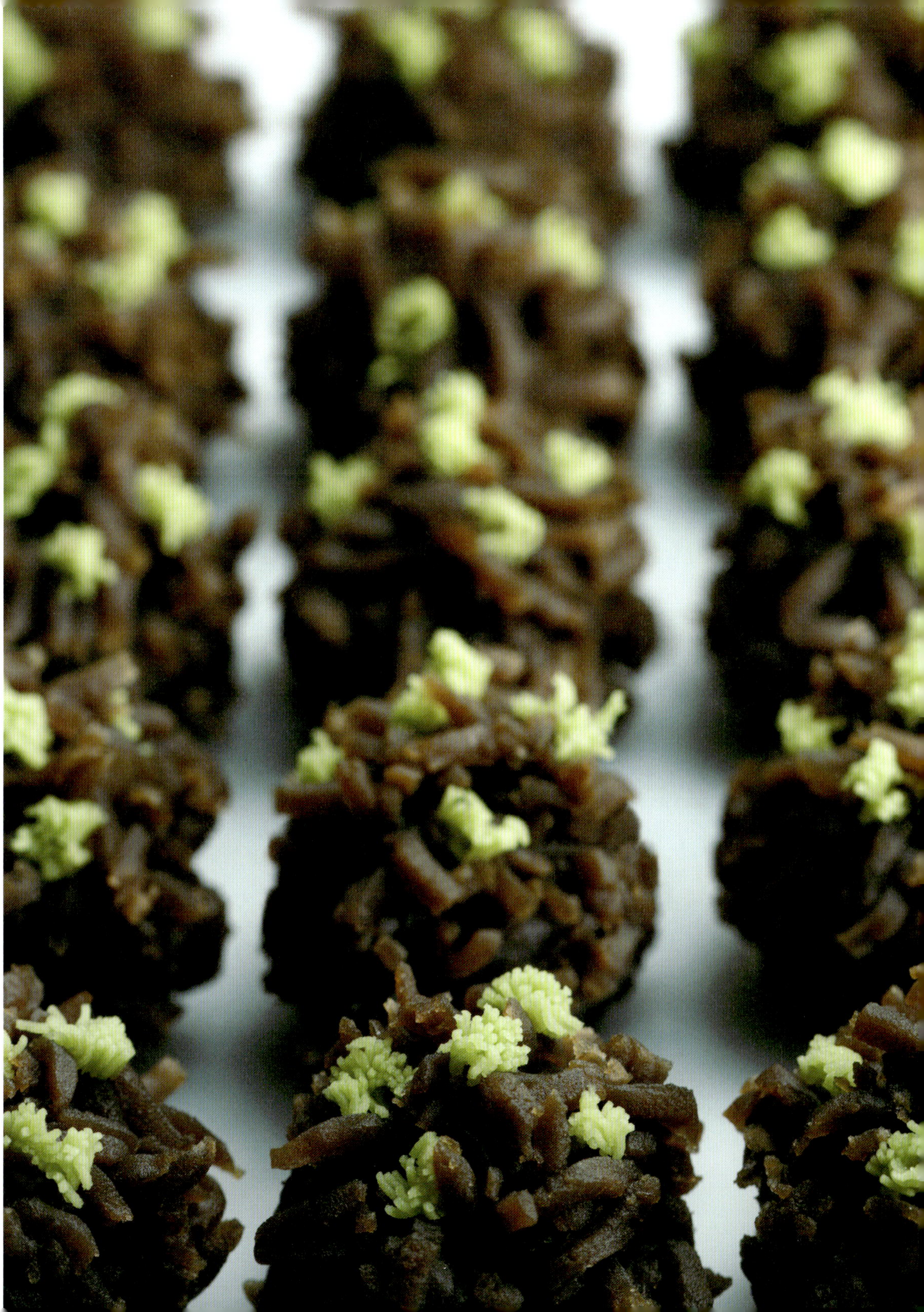

第 20 候

蚯蚓出

みみずいずる

雨の後にこそ、生き生きとした姿を見せる動物や植物がいる。
ミミズは大地から出て活動を始め、紫陽花は雨粒に濡れた花弁を美しく見せてくれる。
水色と桃色と白が混ざったきんとんの上に、透明な錦玉羹を散らし、
七変化といわれる紫陽花の花弁が雨に濡れる様子を表した。

The earthworm emerges

After a rain, all plants seem to be more fresh and vivid. The earthworm emerges from the ground and becomes active. One notices the beauty of the hydrangea (*ajisai*) with its petals soaked in raindrops.
Strands of light blue, peach and white *kinton* are mixed together. On top tiny cubes of *kingyoku-kan* are scattered. The image of a hydrangea, often referred to as the flower that changes color many times, its petals dotted with raindrops.

Sortie de terre du lombric

Après la pluie, certains animaux et végétaux apparaissent débordants de vie. Les vers de terre sortent en surface et s'agitent en tous sens, tandis que les hortensias exhibent leurs magnifiques pétales où perlent des gouttes de pluie.
Sur un *kinton* où se mêlent le bleu-eau, le rose pâle et le blanc, quelques éclats de *kingyoku-kan* transparents rappellent les pétales de l'hortensia (*ajisai*), chargés d'eau de pluie, qui, comme le dit son nom au Japon, changent de nombreuses fois de couleurs.

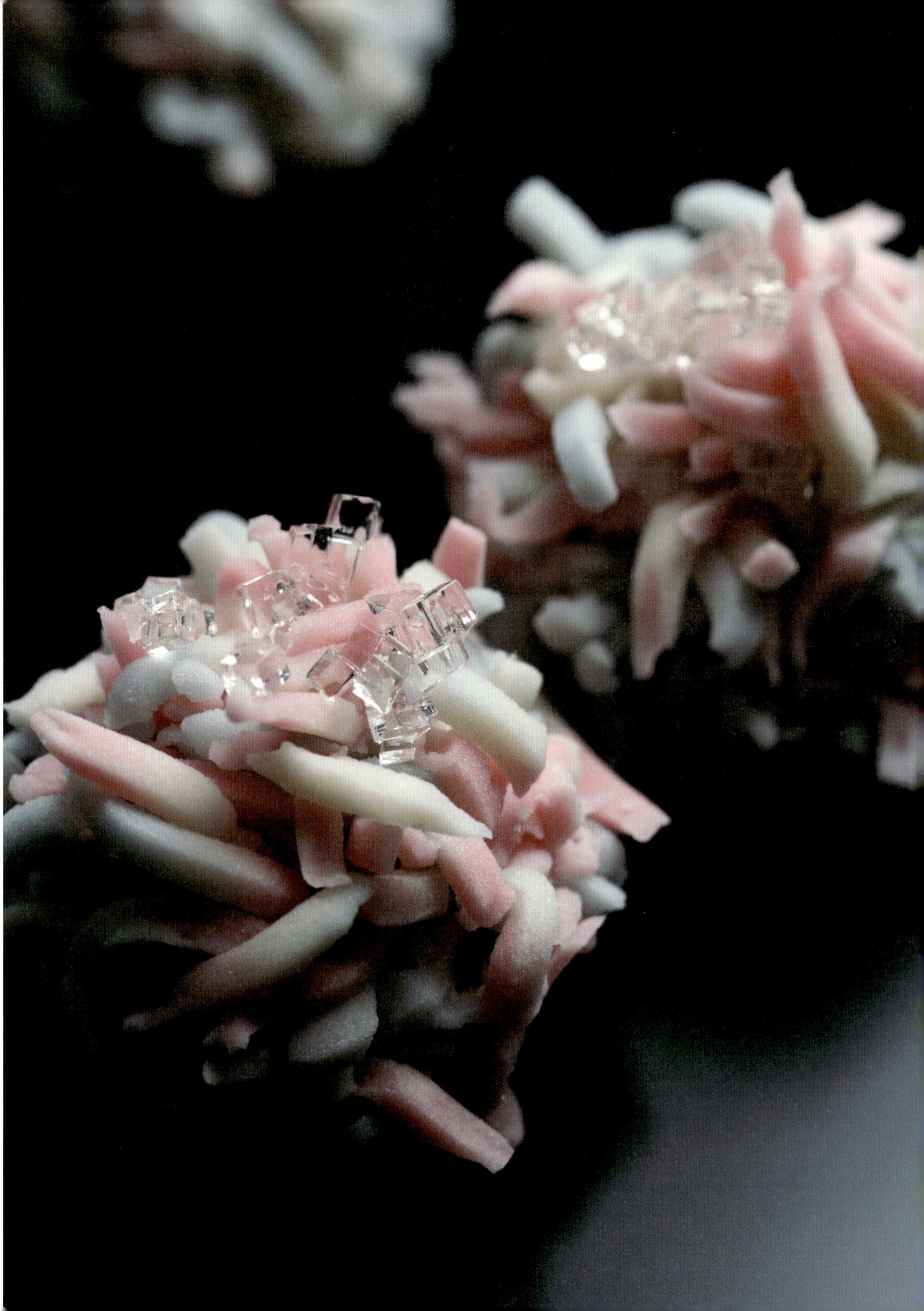

第 21 候

竹笋生
たけのこしょうず

初夏の竹林の足元から、土が盛り上がるように小さな筍が生えてくる。
季節を経て、点在する筍は天を突くしなやかな竹に育つ。
型抜きしたこなしの表面を焦がし、色と質感をつけた。
バーナーの調整によって、濃淡のある茶色の粒子が散ったような質感を作り出した。

New young bamboo shoots.

At the beginning of summer, on the floor of the bamboo forests, small shoots begin to protrude from the ground. As the season advances, these shoots dotting the floor will have soared into the sky as full grown bamboo.
A *konashi* bamboo shoot is made using a wooden mold. The surface of the sweet is lightly singed creating the color and natural impression of a young shoot.

Jeune pousse de bambou

Au pied des bambous au début de l'été, un petit amoncellement de terre dissimule les jeunes pousses qui naissent. Au fil des saisons, les pousses de bambous vont grandir et se transformer en un bel arbre souple qui ira toucher le ciel.
Konashi façonné dans un moule et grillé en surface pour rappeler la couleur et la texture du bambou. L'utilisation du chalumeau permet d'obtenir des nuances irrégulières de couleur marron.

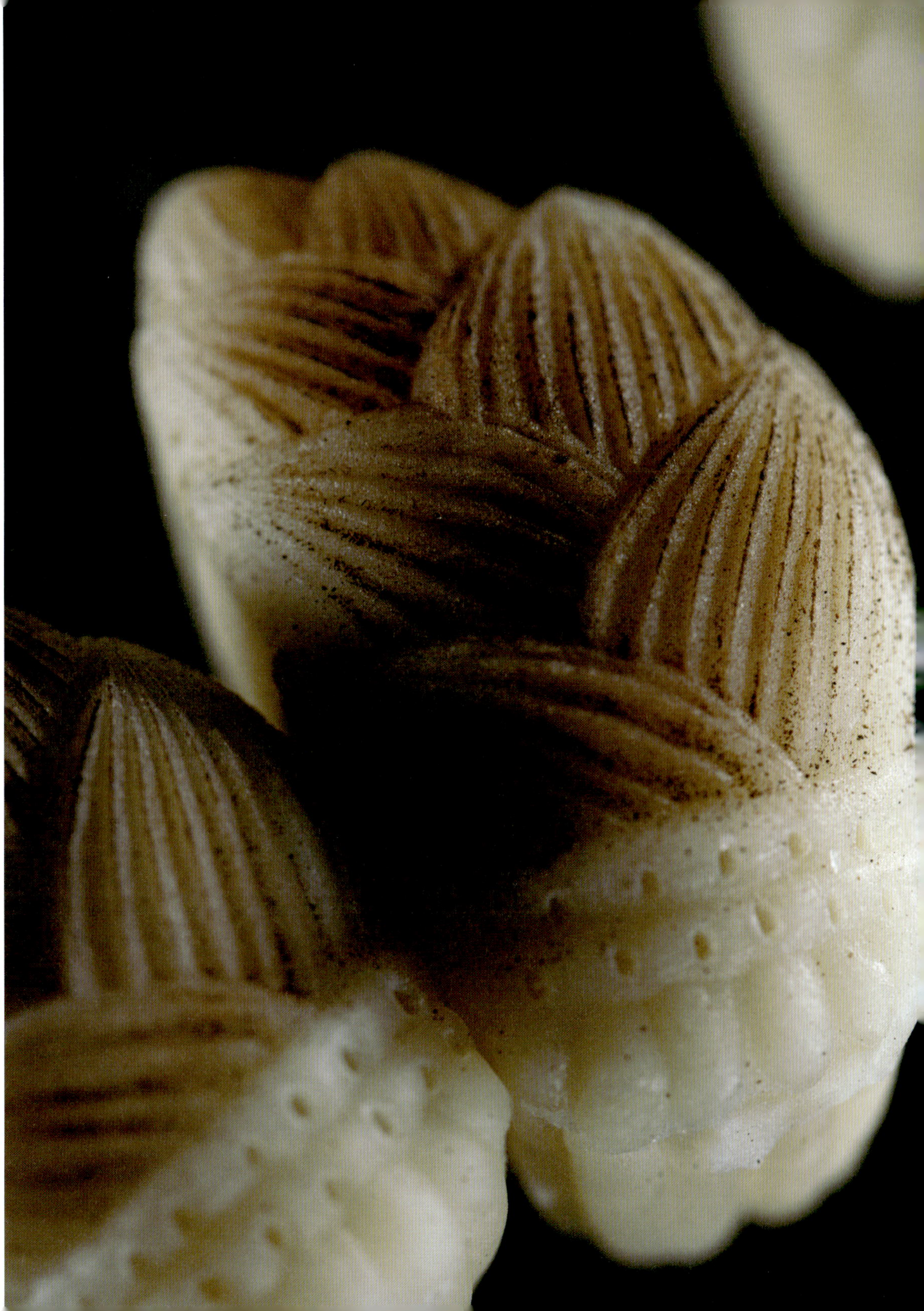

第22候

蚕起食桑

かいこおきてくわをはむ

桑の葉を食べて成長する蚕は、青々とした餌の色からは想像もできない純白の繭に身を包む。白焼きにした緑の餅皮を桑の葉の型に抜き、さらに蚕の食べ跡を切り欠いて餡を包んだ。こなしと黒胡麻で作った天道虫を一匹添え、菓子の全体像を締めた。

The silkworm begins to eat the mulberry leaf

While the growing silk worm is eating fresh green mulberry leaves, it is difficult to imagine the snowy white cocoon in which it will soon be wrapped.
Lightly tinted green *mochi-kawa* is gently grilled with no scorch marks and then cut into the shape of a mulberry leaf (*kuwa*). A portion of the leaf is cut away to suggest the path the leaf eating silkworm has taken. This is then is wrapped around a ball of *koshi-an*. As a final touch, black sesame seeds and red tinted *konashi* are used to make a small ladybug to complete the image.

Le vers à soie et la feuille de mûrier

Le vers à soie se nourrit de feuilles de mûrier (*kuwa*). Le vert éclatant de ces feuilles ne laisse présager en rien la blancheur immaculée du cocon dont le vers à soie sera bientôt recouvert.
Mochi-kawa coloré en vert et découpé avec un emporte-pièce en forme de feuille de mûrier. Des traces du passage du vers sont visibles sur la feuille qui a été garnie de *koshi-an*. Une petite coccinelle en *konashi* avec quelques grains de sésame noir viennent achever la composition.

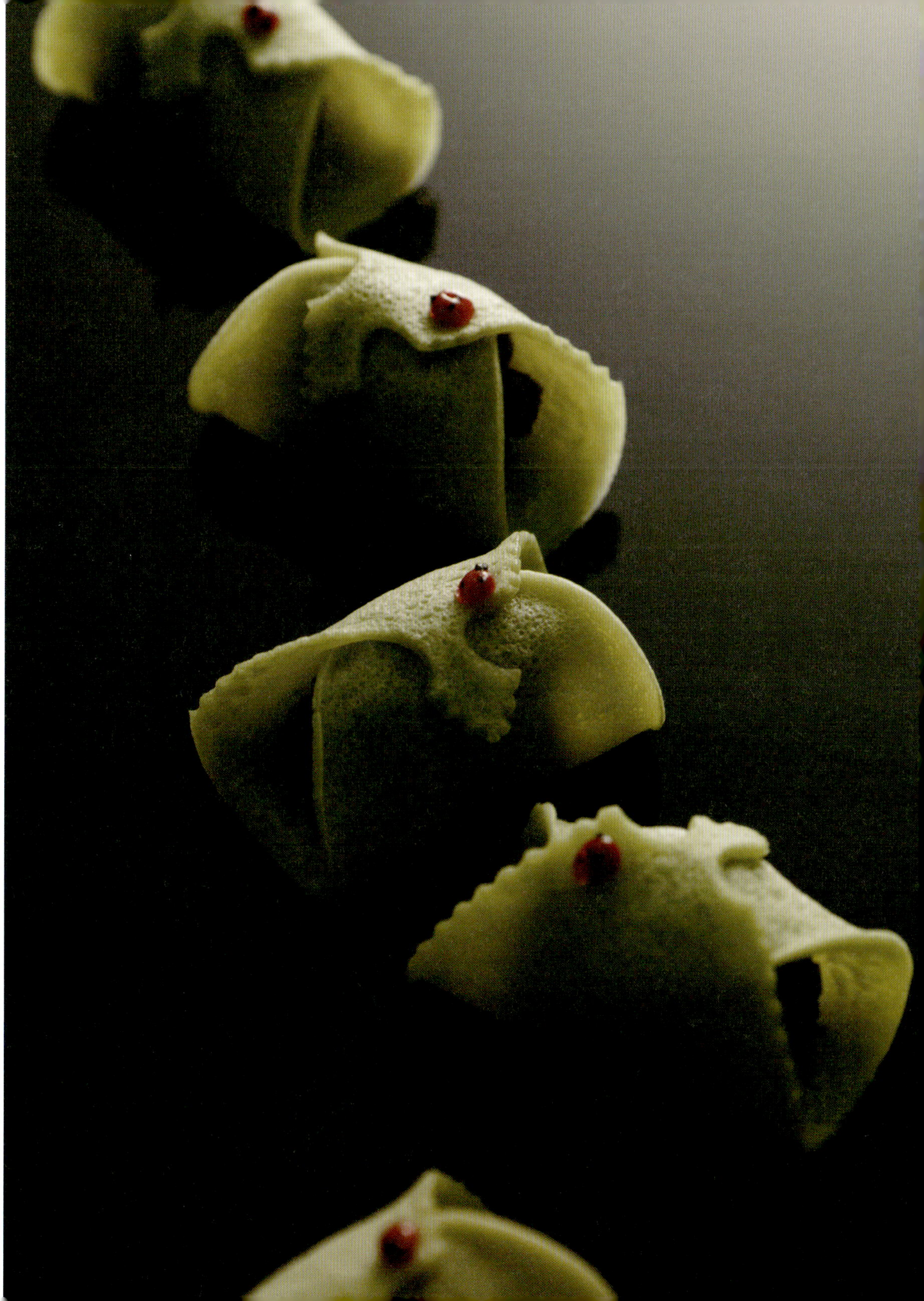

第 23 候

紅花栄

べにばなさかう

古くから、紅の染料を作るために生育される紅花は、初夏に畑を花で満たす。
その黄色い花は、収穫され、花餅に加工されていく過程で徐々に紅色に染まっていく。
緑のきんとんに、黄の上に赤がのる2色のきんとんをのせた。
黄色から朱色に染まる花、そして花びらから抽出される深い紅への変化を表した。

Flourishing safflower

From ancient times, the safflower (*benibana*) has been raised to create red dye. At the beginning of summer, fields of safflower are in full bloom. When this yellow tinged flower is harvested and processed, it gradually yields a crimson red dye.
On top of green *kinton*, tiny red tipped yellow *kinton* flowers are placed here and there. These flowers with their petals dyed from yellow to scarlet red, suggest how, as a dye, the color can turn a deep red.

Bouquet de carthame

Depuis longtemps cultivé pour ses pigments rouges, le carthame (*benibana*) fleurit au début de l'été. Les fleurs sont récoltées jaunes et se colorent de rouge au fur et à mesure qu'elles sont transformées en galette de fleurs.
Kinton vert avec quelques bouquets de *kinton* bicolore, jaune à la base et rouge en surface. Cette composition dépeint les changements progressifs de teintes de la fleur : jaunes, pourpres puis le rouge profond des pigments extraits de la fleur.

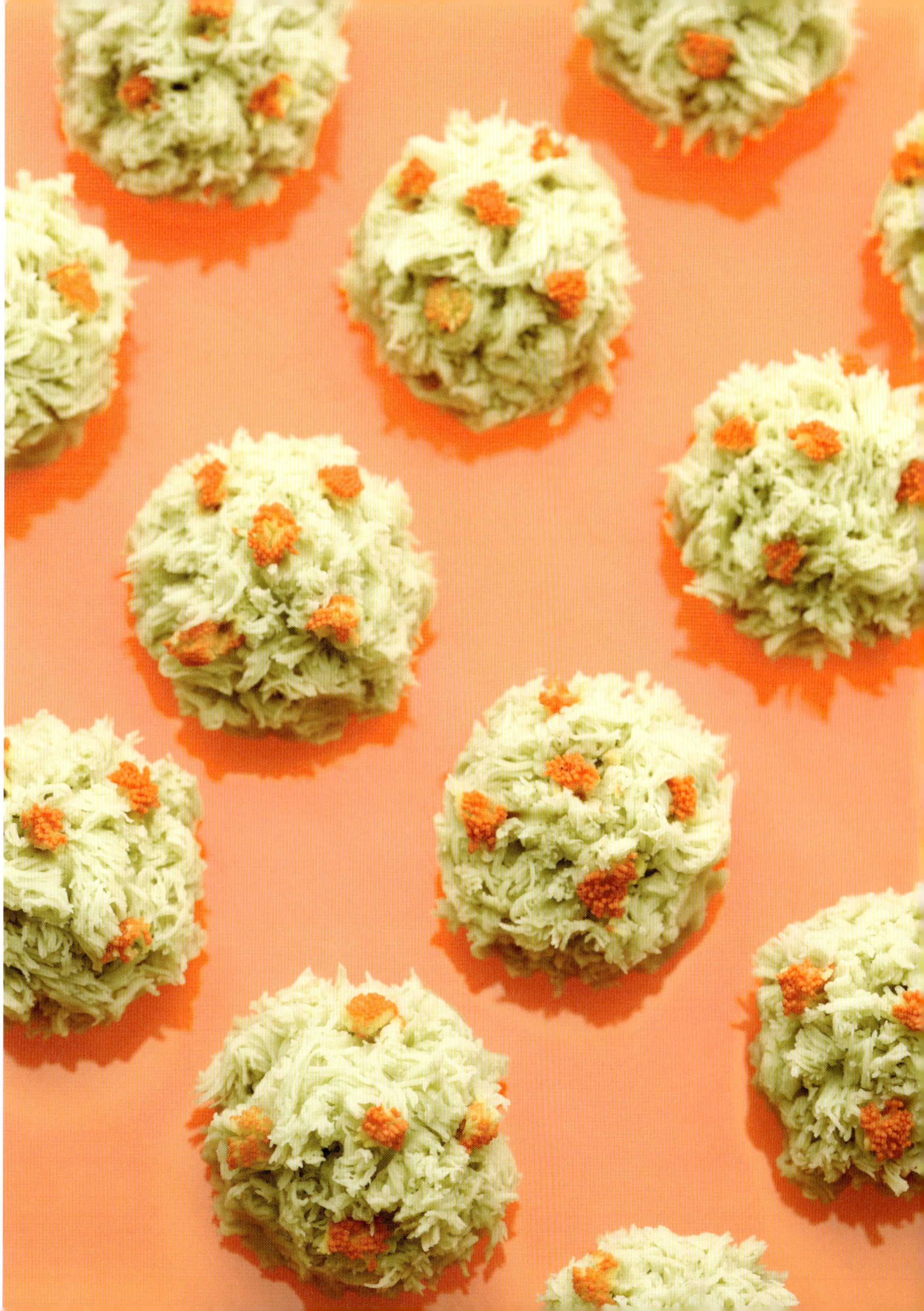

第 24 候

麦秋至

むぎのときいたる

田植えの準備をする季節に、人々は労働の合間にとれたての麦を餅にまぶしたり
そのまま練って食べて労働の空腹を癒し、また田に戻り働く。
麦粉をまぶした麦手餅は茶席によく使われる菓子で、餅を指の腹で握ったように
凹んだ特徴的な形は、麦を束ねた姿を表している。

Wheat's autumn season

When farmers take a break from preparing their fields for planting, harvested grain is sprinkled on *mochi* which is then either kneaded or eaten as is. This little snack satisfies their hunger so that they can return to work the fields.
Barley flour sprinkled over *mochi* is used in tea ceremonies quite often as a sweet. The inner tips of one's fingers grasp the *mochi* so as to leave an indentation in the center of either side creating a shape reminiscent of a sheaf of grain.

Récolte du blé

Pendant la longue période de préparation des rizières, pour tromper la faim, les agriculteurs mangeaient des *mochi* qu'ils saupoudraient de, ou pétrissaient avec du blé fraîchement récolté ; ils retournaient ensuite travailler dans les rizières.
Ce *mochi* (*mugite-mochi*) saupoudré de farine de blé grillée est souvent servi lors des cérémonies du thé. Deux creux réalisés en pinçant le *mochi* entre les doigts lui donne sa forme caractéristique qui rappelle les bottes de blé.

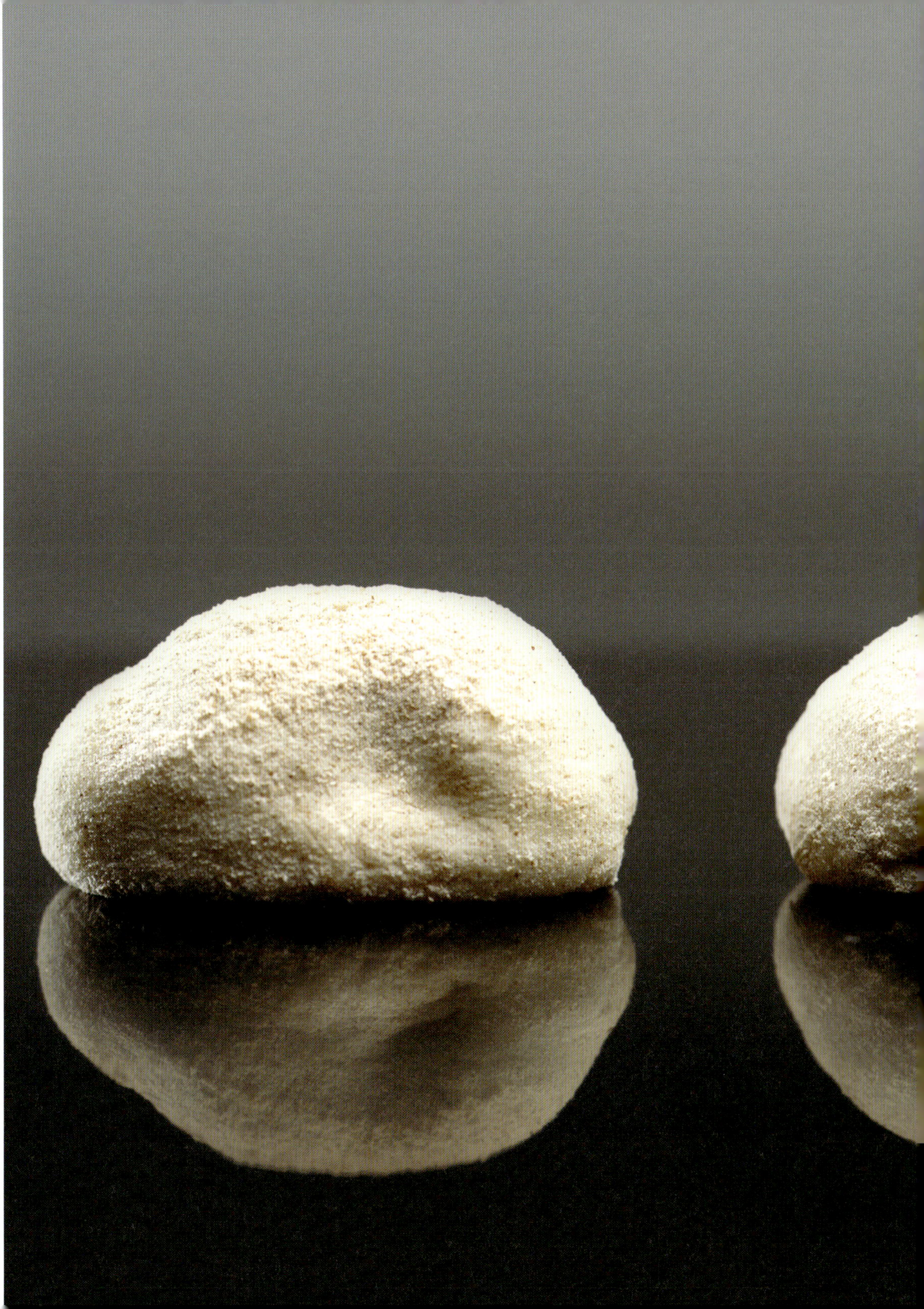

第 25 候

蟷螂生
かまきりしょうず

夏の木陰や葉に体を隠しながら、かまきりは鋭い鎌で狩りを行う。
かまきりの幼生は、木にしがみつくように産み落とされた泡状の卵から生まれる。
漉し餡で作った浮島の生地を、枝に見立てた桂皮（シナモンスティック）と共に蒸し、
かまきりの卵に見立てた。口にするとほのかに桂皮の香りが漂う。

A praying mantis is born

In the summer the clever praying mantis hides itself among the leaves as it hunts. It clings to the tree to give birth to foam like eggs from which their larvas are born.
Ukishima batter is made with *koshi-an*. A cinnamon stick, suggest a branch, is inserted into the batter and both are steamed together. When eaten, the faint aroma of the cinnamon stick floats to the surface.

Naissance d'une mante religieuse

Tout en se dissimulant à l'ombre des arbres et des feuilles en été, la mante religieuse chasse à l'aide de ses pattes tranchantes. La larve de la mante naît d'un œuf à l'aspect mousseux que l'insecte pond et fixe sur le tronc de l'arbre.
Ukishima au *koshi-an* cuit à la vapeur avec un bâton de cannelle pour la branche de l'arbre à laquelle est agrippé l'œuf de la mante religieuse. Des arômes de cannelle sont présents à la dégustation.

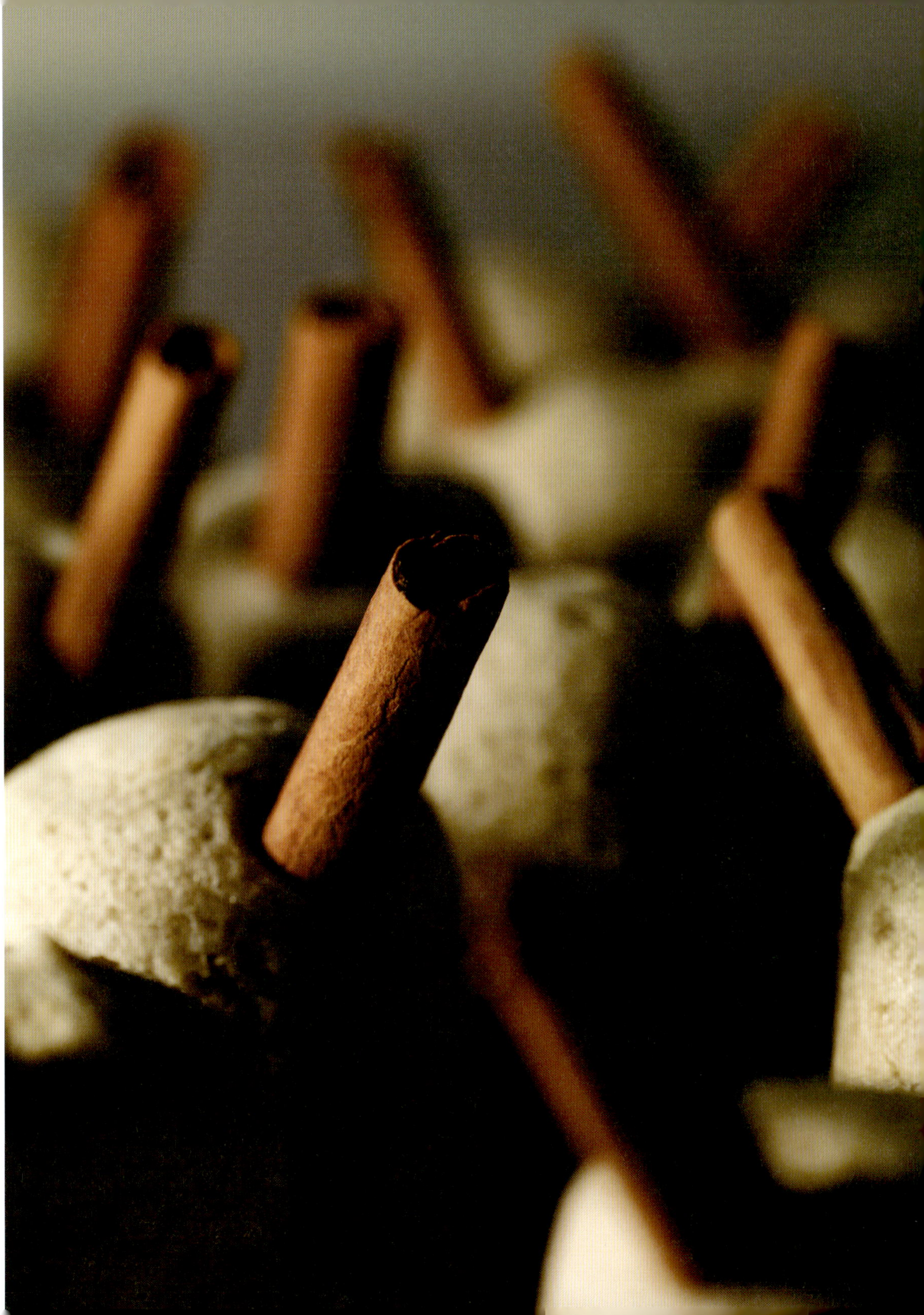

第 26 候

腐草為蛍

くされたるくさほたるとなる

夏の夜に、蛍は川に集い、光る姿を揺らめく水面に映し出す。
その風景を求め、人々は蛍狩りに出かけ夏のひと時を楽しむ。
川を錦玉羹で作り、川底を大納言の小倉羹で表現した。
錦玉羹に浮かぶ金箔の煌めきで、瞬く蛍の光の情景に仕立てた。

Mouldering grasses become fireflies

On summer evenings, fireflies gather around the river, their glowing shapes flickering on the water's surface. Looking for this environment to go firefly hunting is one of the pleasures people enjoy in the summer.
The *kingyoku-kan* river has a bottom made of *ogura-kan*. Floating in the *kingyoku-kan* are flecks of gold foil, the image of twinkling fireflies.

Apparition des lucioles

Les lucioles se rassemblent au bord de la rivière dans la nuit en été, leur silhouette scintillante se reflétant dans les ondulations de l'eau. Friands de ce spectacle, les Japonais aiment attraper les lucioles en été.
La rivière est représentée par un *kingyoku-kan*, le fond de la rivière par un *ogura-kan*. Les éclats de la feuille d'or à la surface de la gelée rappellent le scintillement des lucioles dans la nature.

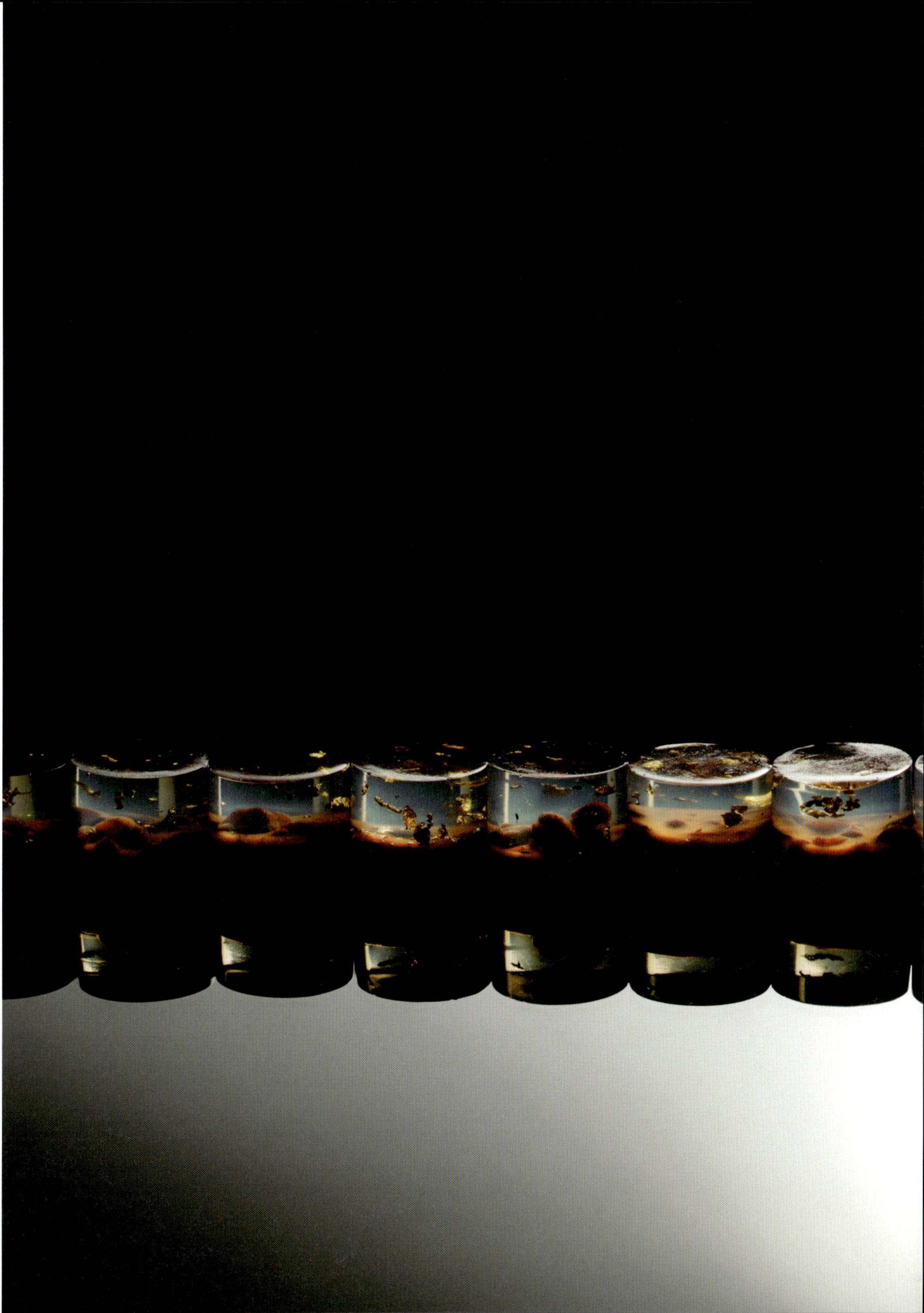

第 27 候

梅子黄

うめのみきばむ

6月の雨に濡れながら、青梅は徐々に黄色を帯び、同時に甘い香りを放ち始める。
裏ごしした青梅を混ぜた白餡を緑と黄でぼかしたういろうで包む。
青梅が徐々に黄に染まるように、緑に黄色が浮かぶような色調を作り出す。

Yellow tinged plum

During the 6th month's rainy season, the green plum slowly becomes tinged with yellow and starts to emit the sweet aroma of ripeness.
A green plum is pureed and mixed with *shiro-an*. Around it is wrapped green *uirō* tinted with a hint of yellow. A green plum as it slowly becomes ripe is dyed with yellow which seems to float on the green surface.

Prunes jaunes

Malgré les pluies du mois de juin, les prunes vertes jaunissent peu à peu, exhalant en même temps un doux parfum.
Koshi-an blanc aromatisé à la purée de prune verte et enveloppé dans un *uirō* aux dégradés jaune-vert. Le jaune semble ici poindre sous la peau verte de la prune, à la manière des prunes vertes qui se colorent progressivement en jaune.

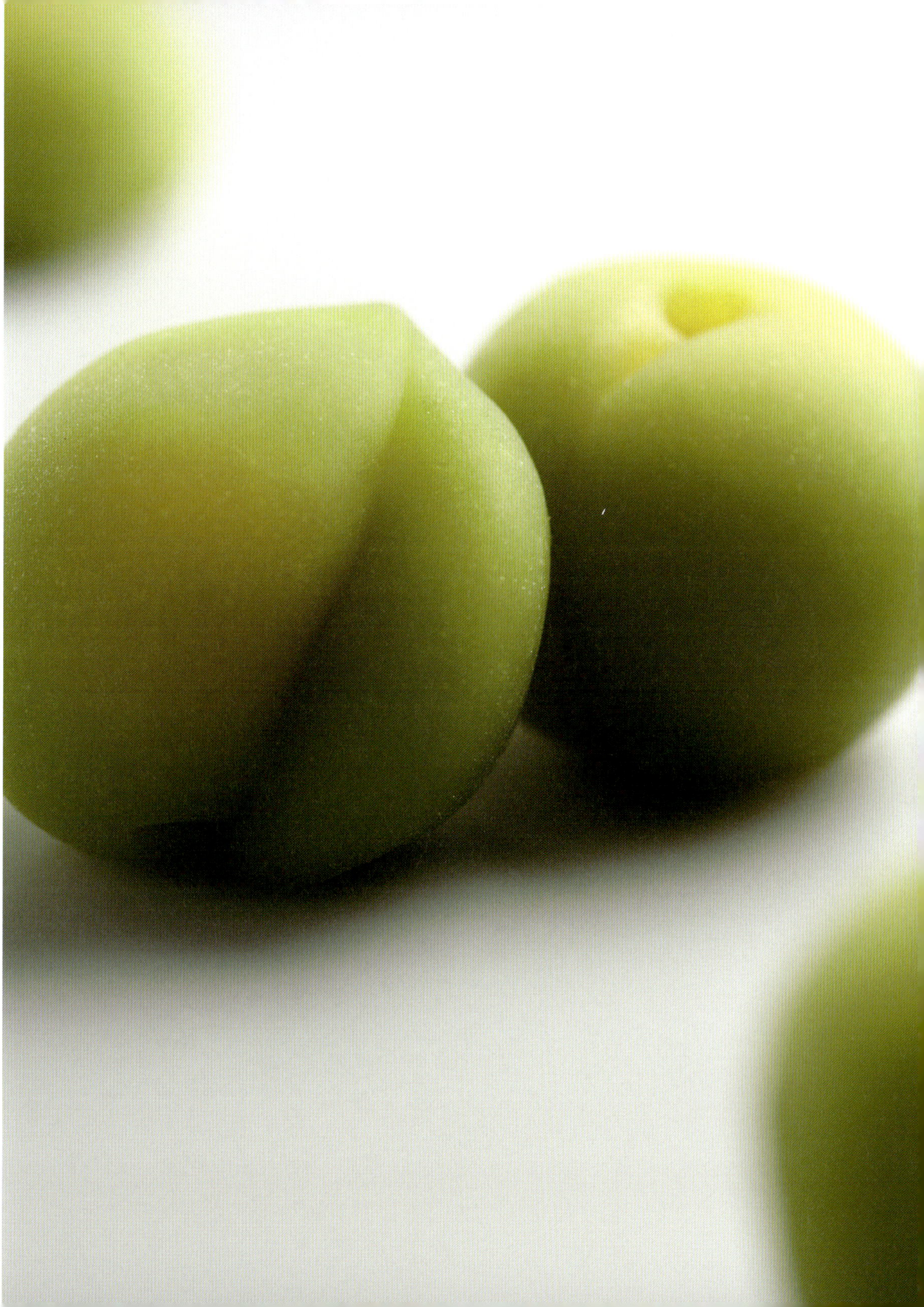

第 28 候

乃東枯
なつかれくさかるる

暑さを恵みに生い茂る多くの植物と対照的に、うつぼ草（夏枯草）は夏の強い日差しの中に枯れてゆく。
枯れた色とまだ枯れていない色を、漉し餡の練りきりと緑に染めた白餡の練りきりで作り、ひょろりと長いうつぼ草の姿に茶巾で絞る。最後に、淡い色に映える紫のきんとんの花でうつぼ草の名残の一輪をあしらった。

In the dead heat of summer, dried grasses

In the summer sun's strong light, in contrast to the luxuriant plants which seem to abound, many grasses become dry. The selfheal, a bluish purple flowered selfheal, a Eurasian mint (*utsubogusa*), dries out in the hot sunlight of summer.

A "dried out color" made from *nerikiri* and a "not quite so dried" out green color made from *shiro-an nerikiriri* are squeezed together in a fine cloth (*chakin-shibori*) to create a long dried grass shape. Finally, a pale clear purple tinted *kinton* flower announcing itself as a selfheal blossom is added to complete the image

La brunelle fane

Contrairement à une grande partie des plantes qui profitent de la chaleur pour croître allègrement, la brunelle (*utsubogusa*) fane peu à peu sous les rayons ardents de l'été. *Nerikiri* au *koshi-an* et *nerikiri* blanc coloré en vert, rappelant les parties fanées et non fanées de la plante. La silhouette oblongue de cette herbacée a été façonnée à l'aide d'un tissu (*chakin-shibori*). La fleur en *kinton* mauve, qui resplendit sur le fond vert pâle, est tout ce qui reste en vie de la plante.

066

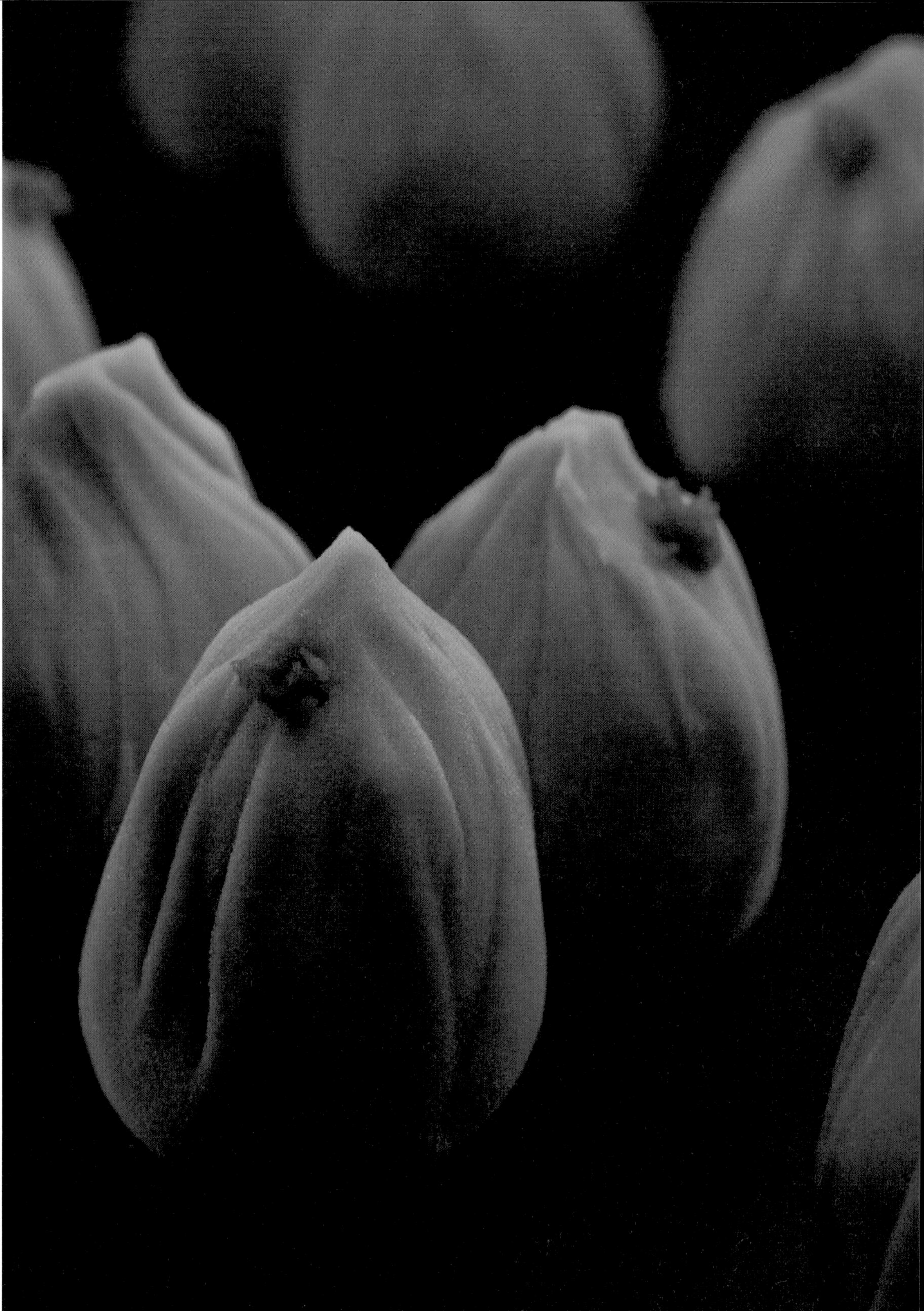

第 29 候

菖蒲華

あやめはなさく

初夏に咲く菖蒲（あやめ）は、生い茂る山野の緑に、紫の特徴的な形の花弁を浮かび上がらせる。
黄と薄紫の2色に色をつけた練りきりを茶巾で絞った上でヘラをあて、独特で大振りな形の花びらを作る。最後に緑の葉を花びらに添えて、全体の見え方を引き締めた。

Iris blossom

The iris blooms at the beginning of summer. The distinctive blossom shape floats up through luxurious mountain fields of green.
Yellow and pale lavender *nerikiri* are squeezed together in a fine cloth (*chakin-shibori*) to create the blossom. A few lines are then added with a three sided wooden prism shaped tool, creating the flower's unique large sized petals. Finally a long slender green leaf is added, tightening up the whole shape.

Iris en fleur

Dans la nature luxuriante uniformément verte, les iris, qui fleurissent au début de l'été, exhibent leurs pétales mauves aux formes caractéristiques.
Nerikiri de deux couleurs, jaune et mauve clair, façonné avec un tissu (*chakin-shibori*). Les pétales particulièrement grands de cette fleur ont été entaillés à la baguette triangulaire. Une feuille verte achève le tableau.

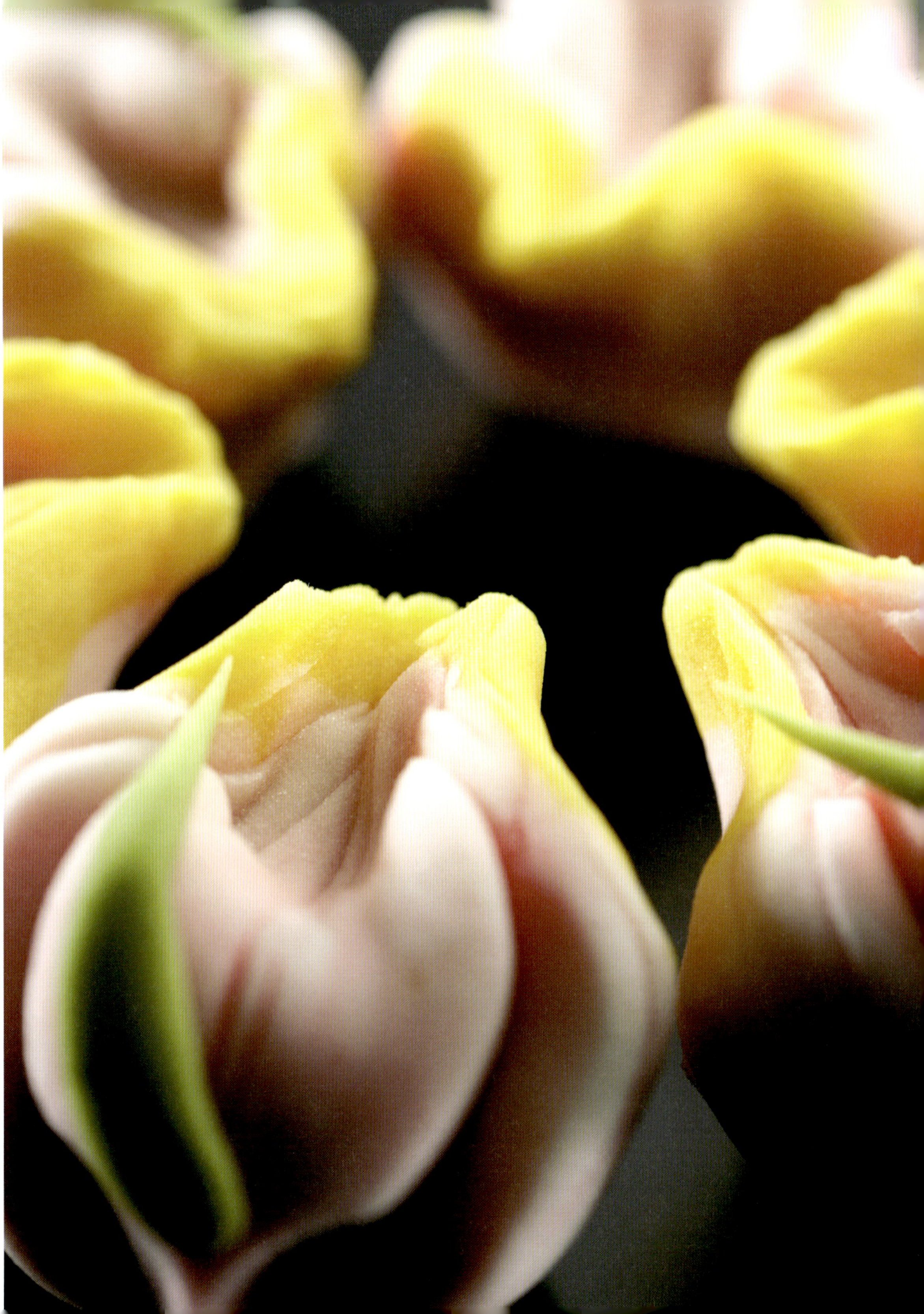

第 30 候

半夏生

はんげしょうず

半夏（はんげ）はカラスビシャクと呼ばれる植物で、
その名の通り柄杓を想わせるひょろりと細長い独特の形の葉をつける。
千筋を使い、筋をつけてのばしたこなしで粒餡を包んだ。
最後に緑の羊羹を結んだカラスビシャクをのせ涼しげな姿に仕上げた。

11th day after the summer solstice (final day for seed sowing)
The word "*hange*", the 11th day after the summer solstice, is also a name for our "jack-in-the-pulpit (*karasu-bishaku*). It reminds one of a Japanese water ladle, here "made" out of a long slender blade of "grass".
A strip of *konashi* is pressed into a *sensuji* a board with equidistant grooves, and then wrapped around a ball of *tsubu-an*. A strip of green *yōkan* is tied in a knot. Finally, to complete the refreshing shape, small Jack-in-the-pulpit flower is added to the surface.

Plein été
Poussant au milieu de l'été, plus précisément le 11ème jour après le solstice d'été (*hange*), la plante *pinellia ternata* est aussi appelée « louche du corbeau » (*karasu-bishaku*). Comme son nom l'indique, cette plante possède des feuilles d'une forme originale, particulièrement longilignes telles une louche en bambou.
Abaisse de *konashi* rainurée au *sensuji* et garnie de *tsubu-an*. Une louche, représentée par un nœud en *yōkan* vert, apporte une note de fraîcheur à l'ensemble.

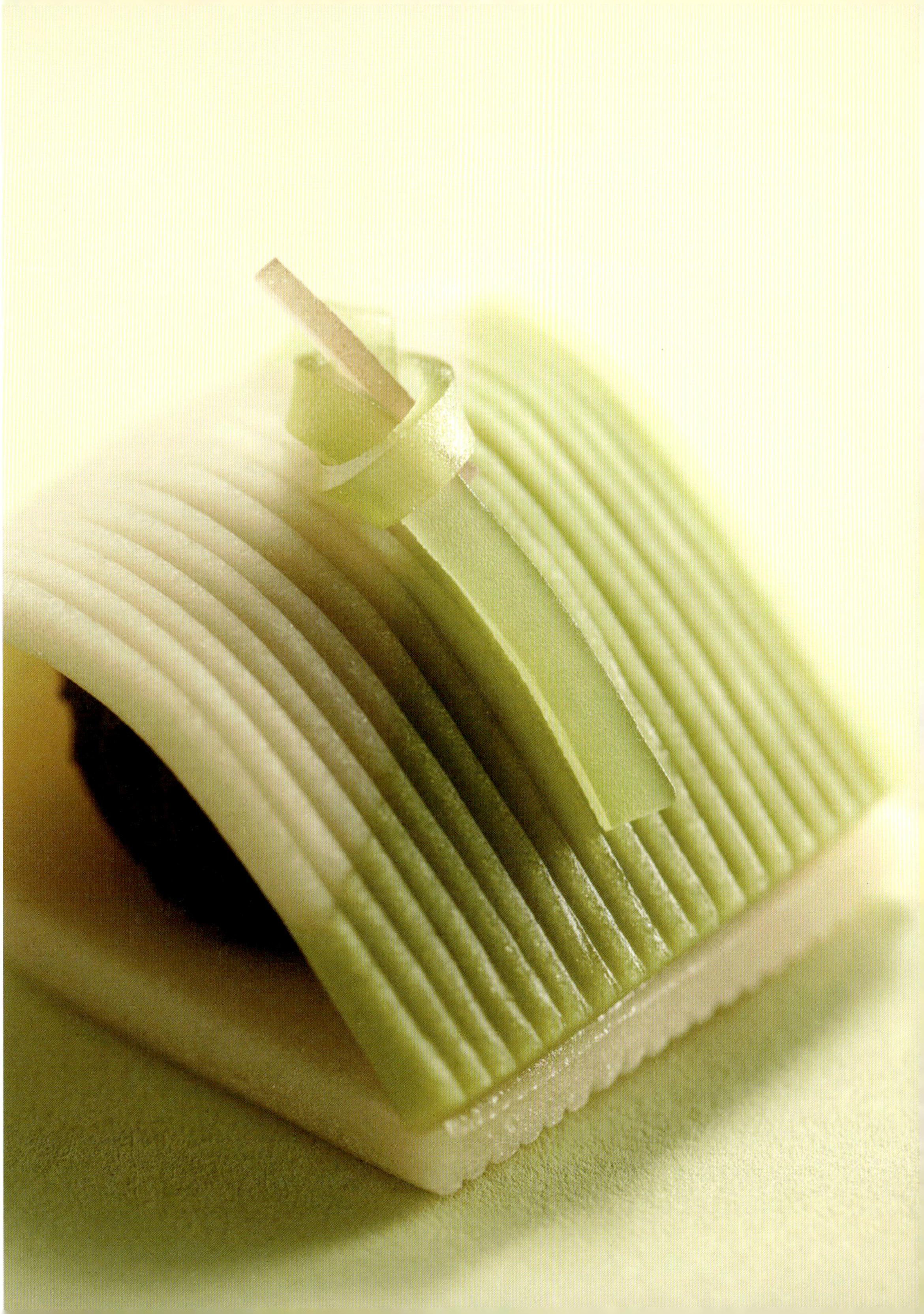

第 31 候

温風至

あつかぜいたる

吹く風さえなまぬるい暑さの中、風鈴は涼しげな音と共に揺れる。
漉し餡を包んだこなしを風鈴の木型で抜き、風に揺れる風鈴の短冊とそこに描かれた金魚をのせた。風鈴を吊るす蔓をつけることで風に揺れる動きが強調される。

A warm wind

In the tepid heat, the wind chime and its cool sound both seem to sway gently in the breeze.
Koshi-an is wrapped around *konashi* which is shaped in a wooden mold resembling a wind chime. The small strip of fancy paper (*tanzaku*) with the image of a gold fish, dangles from the bottom. The chime is "suspended" on a small piece of vine to emphasize its swaying motion in the breeze.

Souffle doux

Les journées de la chaude saison où même le vent est tiède, le mobile d'été ondule avec le vent et rafraîchit l'atmosphère avec le tintement de son grelot.
Konashi garnie de *koshi-an* et façonné dans un moule en bois en forme de clochette. La bandelette de papier (*tanzaku*) du mobile qui vole au vent ainsi que le poisson rouge qui y est habituellement dessiné, ont été ajoutés par la suite. La petite ficelle dans le passant de la clochette vient amplifier le mouvement du mobile, balloté par le vent.

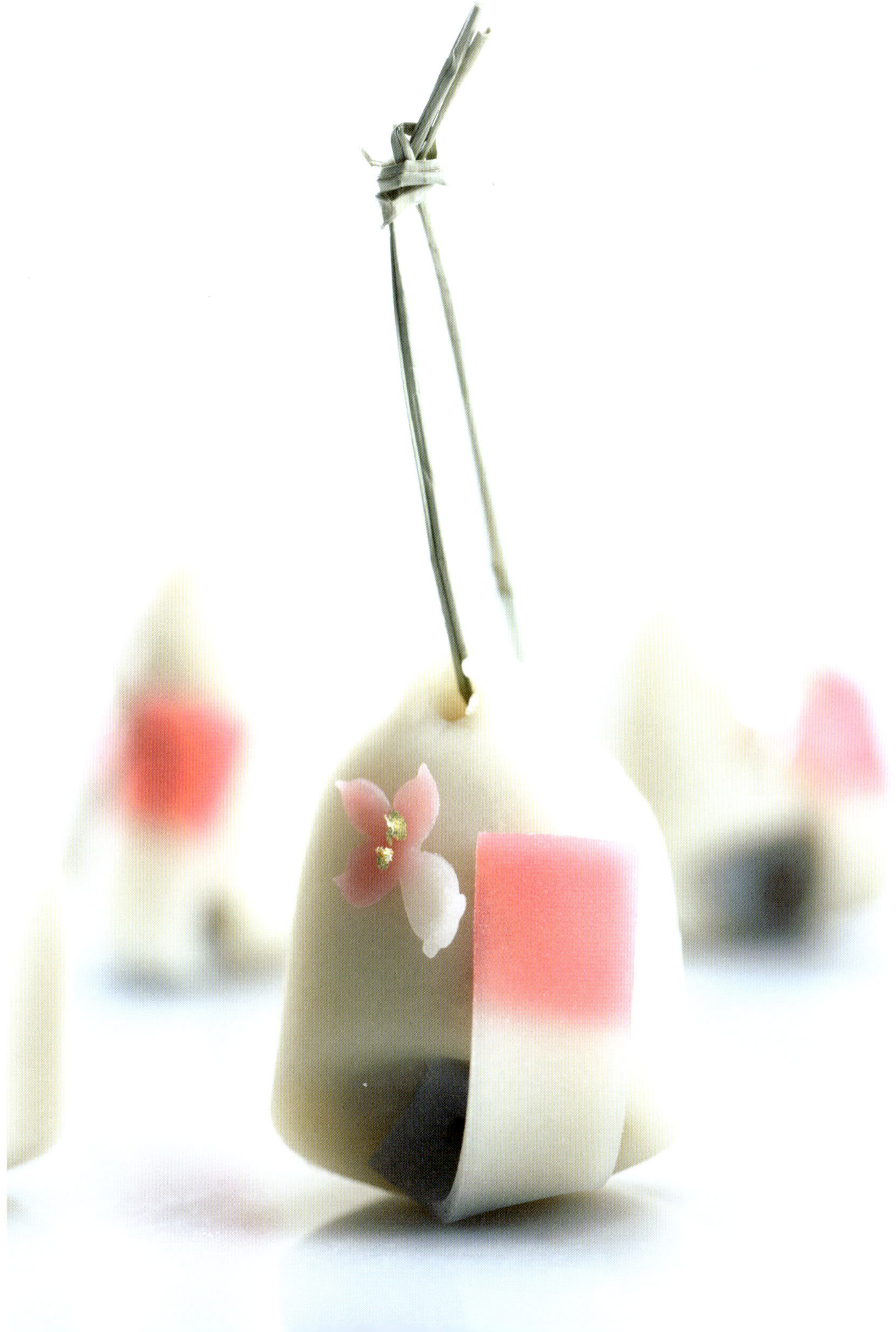

第 32 候

蓮始開

はすはじめてひらく

夏のまだ涼しい早朝に、蓮は水面から音を立ててその花を咲かせるという。
黄身しぐれの上に、こなしでできた蓮の花びらをひらりとのせた。
通常は複数の割れ目が表れる黄身しぐれを、材料を調整し割れを少なくした。
特徴的な蓮の花の開く様子を一筋の大きな割れで表した。

The lotus begins to blossom

In the cool early summer mornings, it is said that as the lotus blossom pushes up and breaks the water's surface, it makes a sound.
On top of *kimi-shigure*, a *konashi* lotus petal is gently placed. When steaming *kimi-shigure*, many cracks are normally produced on the surface. Here, however, the ingredient amounts are carefully adjusted so as to reduce the number of cracks. Placing a young lotus petal on top of one large crack creates a very dramatic scene.

Eclosion des lotus

Pendant les nuits encore fraîches de l'été, le lotus sort à la surface de l'eau et ouvre ses fleurs avec, dit-on, grand fracas.
Un pétale de lotus en *konashi* trône au sommet d'un *kimi-shigure*. Le *kimi-shigure* comporte d'ordinaire de nombreuses fissures en surface mais les proportions ont été ici modifiées pour qu'il en ait beaucoup moins. L'unique et longue fissure obtenue renvoie à la manière très particulière dont s'ouvre la fleur de lotus.

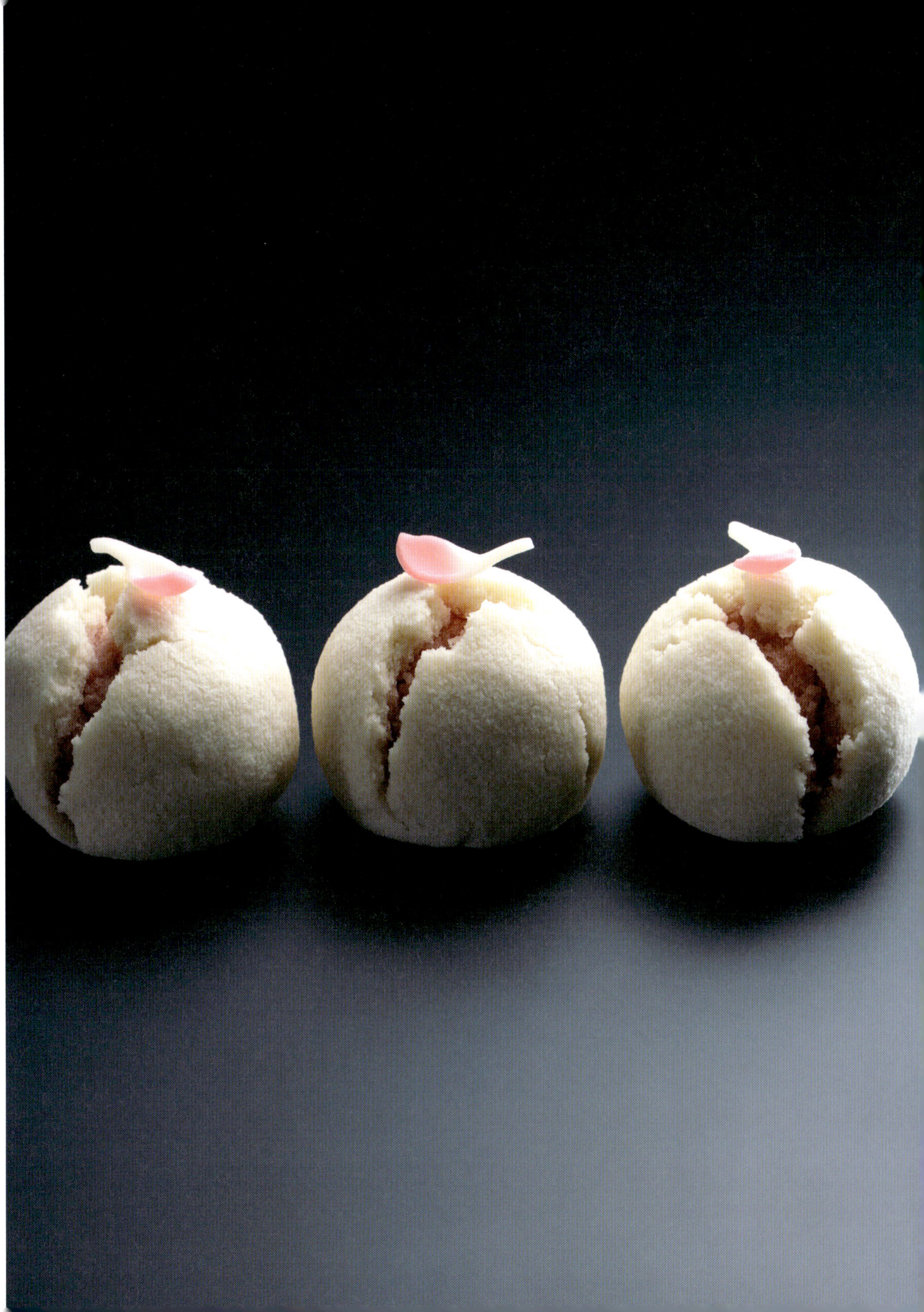

第 33 候

鷹乃学習

たかすなわちわざをならう

鷹の子が巣立つ季節には、生え替わる雛の産毛混じりの羽が巣に散らばり、旅立ちの羽ばたきと共に羽は風にさらされていく。
こなしを"違い鷹の羽"の紋の木型で抜き、番いの親鷹を表し、上に雛が落とす産毛の羽をふわりとのせ、雛の巣立ちを想わせる。羽は桂皮末（シナモン）で色づけし、成長と共に色づく羽を表現した。

The hawk studies his techniques

When it becomes time for the baby hawk to leave its nest, it begins to molt. Adult feathers begin to replace the down which falls into the nest. As the young bird beats its wings before leaving the nest, some of this down is carried away on the wind.
Konashi is pressed into a wooden mold with a pattern of two feathers, representing a breeding pair of hawks. The top of the sweet is decorated with one feather, a memento from the chick that has grown old enough to leave the nest. The feather is dusted with cinnamon powder, its color representing adulthood.

Premier envol du faucon

À la saison où les fauconneaux quittent leur nid, quelques plumes traînent un peu partout dans le nid, mêlées au duvet qu'ils perdent ; elles seront emportées par le vent au moment de leur premier envol.
Konashi façonné dans un moule en bois qui représente le blason des deux ailes de faucon qui s'entrecroisent. Sur cette pièce qui représente le couple de faucons, une petite plume de duvet perdue par le fauconneau suggère le récent départ du petit. Sa plume a été colorée avec de la cannelle, rappelant que les ailes du rapace se colorent au cours de sa croissance.

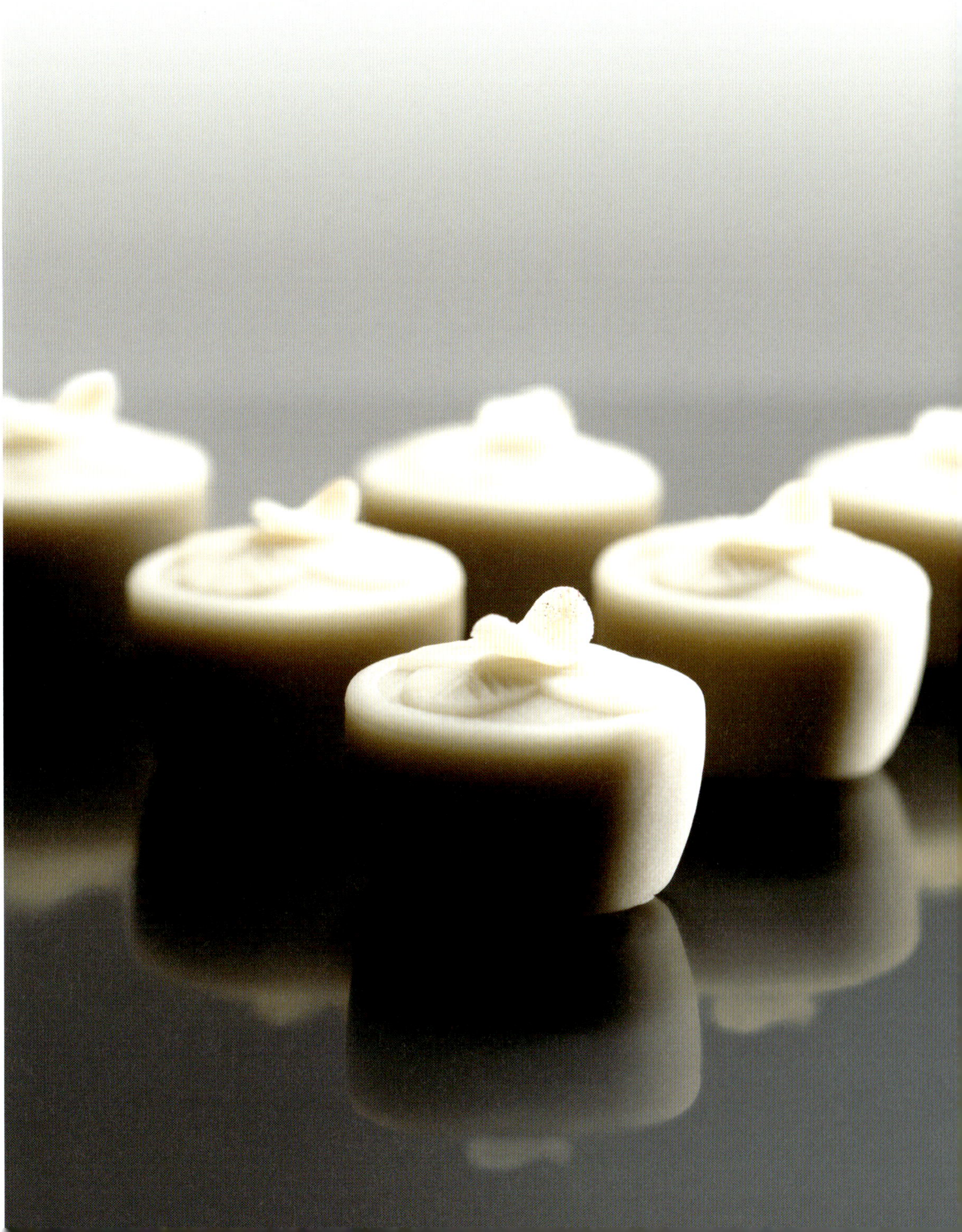

第 34 候

桐始花結

きりはじめてはなをむすぶ

桐の木は年月をかけて大きく育つ。農家は娘の誕生と共に桐を植え、嫁入りの際に成長した木で箪笥を作り娘と共に送り出す。桐の花は娘を想う親心の証ともいえる。
緑と紫のきんとんで農家の庭先に咲く満開の桐の花を表現した。繊細なきんとんの表現で鬱蒼とした緑に映える紫の桐の花を仕立てた。

A tangle of paulownia

As the years go by, paulownia trees get bigger and bigger. In the past when a daughter was born into an agrarian household, it was customary to plant a paulownia. When she was ready to marry, the tree would be cut down and a chest of drawers for her dowry would be made. They were then both sent off together to the bride's new home. For her parents, the paulownia flower carried with it memories of their daughter and how dearly she was loved.
Green and purple *kinton* are used to depict a paulownia in full bloom in a rural farmer's garden. Long thin strands of *kinton* in a luxuriant green harmonize with the purple paulownia flowers dotting the surface.

Fleurs de paulownia

En grandissant, le paulownia peut devenir très imposant. Autrefois dans les campagnes, les familles plantaient un paulownia à la naissance de leur fille et, au moment de son mariage, lui donnaient en dote des armoires confectionnées avec le bois de cet arbre. Les fleurs de paulownia symbolisent, en quelque sorte, l'amour des parents pour leur fille.
Kinton vert et mauve, représentant les fleurs de paulownia dans les jardins des fermes à la campagne. Dans ce *kinton* extrêmement fin, les fleurs de paulownia violettes brillent de tout leur éclat dans l'épais paysage vert.

078

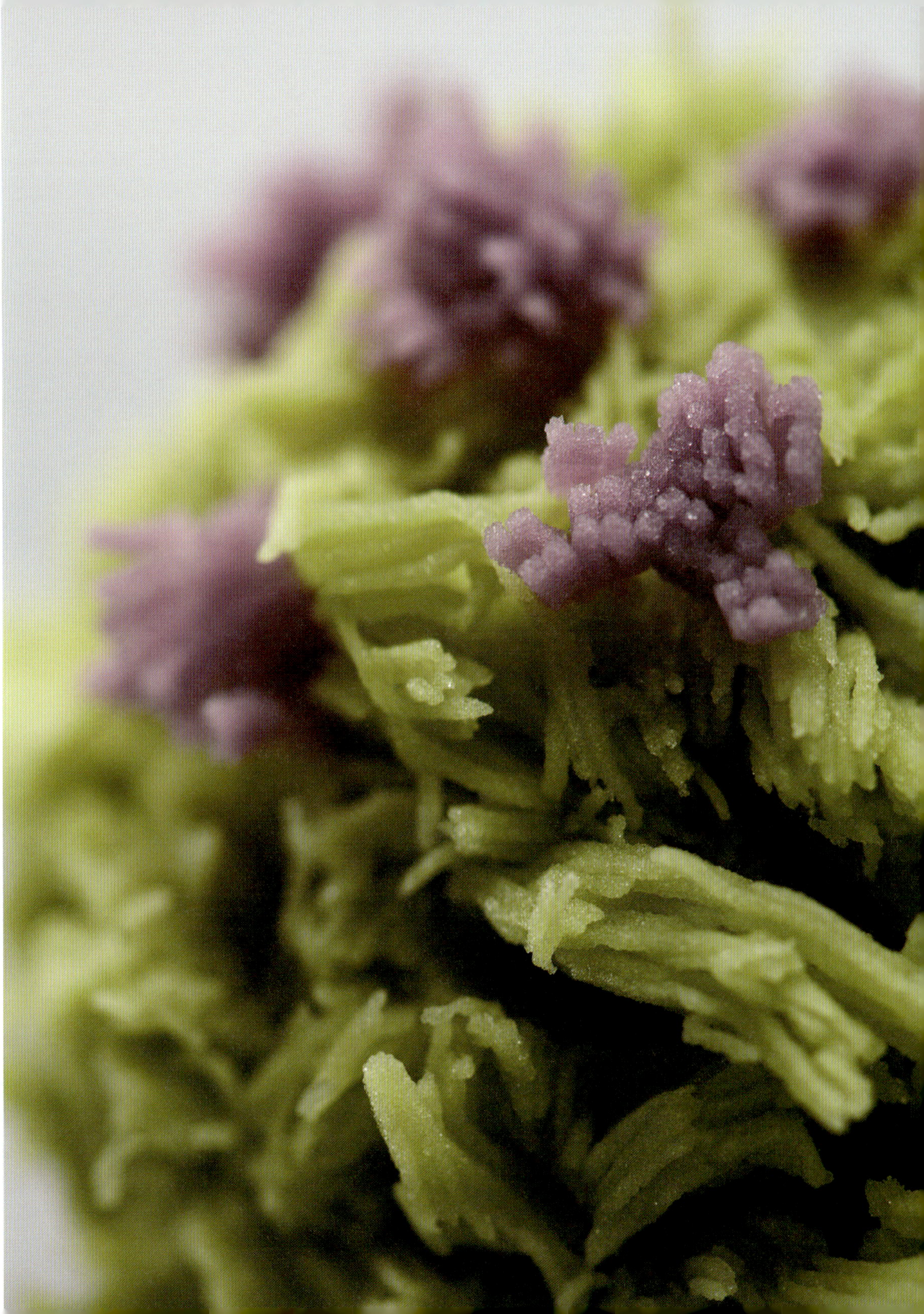

第 35 候

土潤溽暑

つちうるおうてむしあつし

蒸し暑くなれば、湿気を帯びて柔らかくなった土からセミが這い出してくる。
夏の森に足を踏み入れると、蒸し暑い中、セミの声が降りそそぐように響く。
道明寺粉で作った里山の鬱蒼と茂る緑を、湿度の高い空気を表した葛で包んだ。
葛に加えた銀箔は、粒子のように降るセミの声を表している。

Even the earth is sultry hot

When the ground becomes sultry hot, the cicada emerges from the softened earth. When one walks in the forests in the steaming heat, their songs resound, pouring down like rain. The dense luscious green of a mountain village made with *dōmyōji-ko* and *kuzu*, suggesting summer's sticky humidity. Bits of silver foil are added to the *kuzu* to reflect the cicada's song.

Chaleur pesante

Dès que la chaleur étouffante s'installe, les cigales sortent à la surface du sol qui, en raison de l'humidité, ne leur résiste pas longtemps. Lorsque l'on pénètre dans un bois en été, le chant des cigales résonne à la manière d'une pluie battante qui éclate en pleine chaleur. L'air chargé d'humidité - ici, une fine couche de *kuzu* - enveloppe la nature verdoyante qui entoure les villages - une bouchée de *dōmyōji-ko*. Les feuilles d'argent parsemées sur le *kuzu* représentent le chant des cigales qui fuse de toute part.

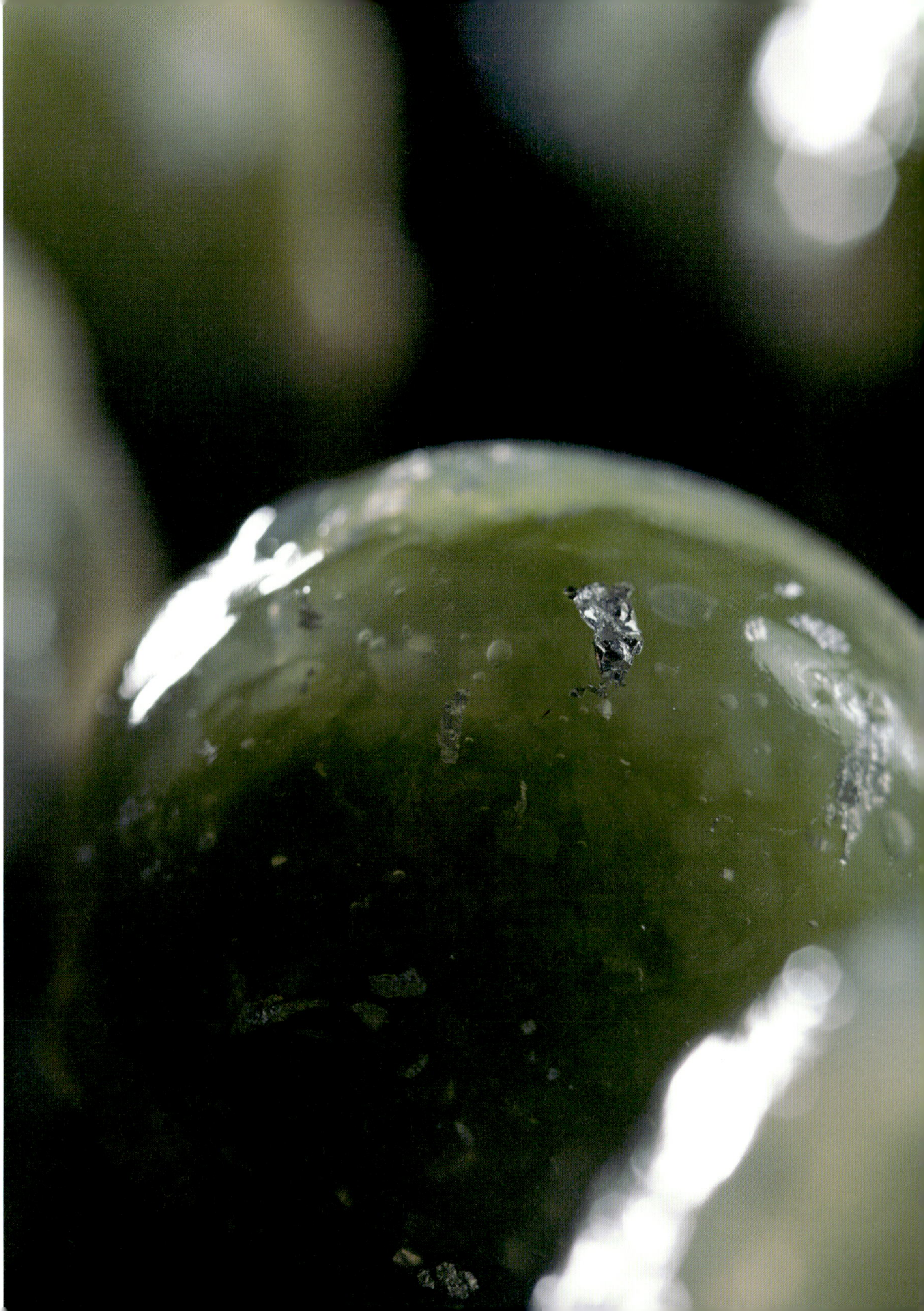

第 36 候

大雨時行
たいうときどきふる

激しい夏の夕立の中、大きな雨粒が地面に叩きつけられるように降る。
固まる前の透明な錦玉羹にいぐさを入れ、固まった後にいぐさを引き抜いてできる線状の空間で夕立を表現した。

Heavy rains arrive

Sudden severe summer rains bring giant rain drops. They hit the earth as if they have been thrown.
Rushes which have been placed into *kingyoku-kan* are pulled out before it completely solidifies. Lines created by these empty spaces resemble a sudden shower.

Violente averse

Les lourdes gouttes de pluie frappent violemment le sol au cours des fortes averses de l'été.
Les lignes tracées dans le *kingyoku-kan* renvoient à la pluie battante : des brins de paille de jonc ont été introduits dans la gelée avant qu'elle ne prenne, et retirés ensuite.

SEIGENSHA BOOK GUIDE

2023.02

AAM AASTHA（アーム アスタ）
―インドの信仰と仮装―分かち合う神々の姿

著：シャルル・フレジェ

世界の伝統と文化にスポットライトを当て続け、国際的に活躍する写真家シャルル・フレジェが、インドの民族文化や宗教儀礼の力強いビジュアル面をたたえた一連のポートレート。

B5変型／324 頁／上製本／定価 4,400 円

© Charles Fréger

青幻舎
SEIGENSHA ART PUBLISHING

最新情報・すべての刊行書籍は、ウェブサイトでご覧いただけます。
価格はすべて税込です。

写真 *photograph*

まだ見ぬソール・ライター
THE UNSEEN SAUL LEITER
著：ソール・ライター ほか

2刷

アトリエに遺された約1万点の未公開スライドから厳選された76点を収録。ソール・ライターの美意識の真骨頂、"ストリート・フォト"の決定版。

A4変型／160頁／上製本／定価 4,180 円

毒消草の夢
デトックスプランツ・ヒストリー
著：渡邊耕一

徹底して植物を追い求めることで、自然と対峙し、共生することを思考する著者による異色の写真集。

A4変型／160頁／上製本／定価 6,600 円

ソール・ライターのすべて
All about Saul Leiter
著：ソール・ライター

20刷

人生観、情緒的表現、浮世絵の影響を感じされる構図、色彩など、その深遠なる魅力の謎に迫る。初期のストリートフォトから広告写真、プライベートヌード、ペインティングなど約200点収録。

A5／312頁／並製本／定価 2,750 円

世界のアーティスト 250人の部屋
人生と芸術が出会う場所
著：サム・ルーベル

4刷

歴史上の人物から現役のアーティストまで、世界的クリエイターたちの自宅を250軒紹介。

242×216mm／328頁／並製本
定価 4,950 円

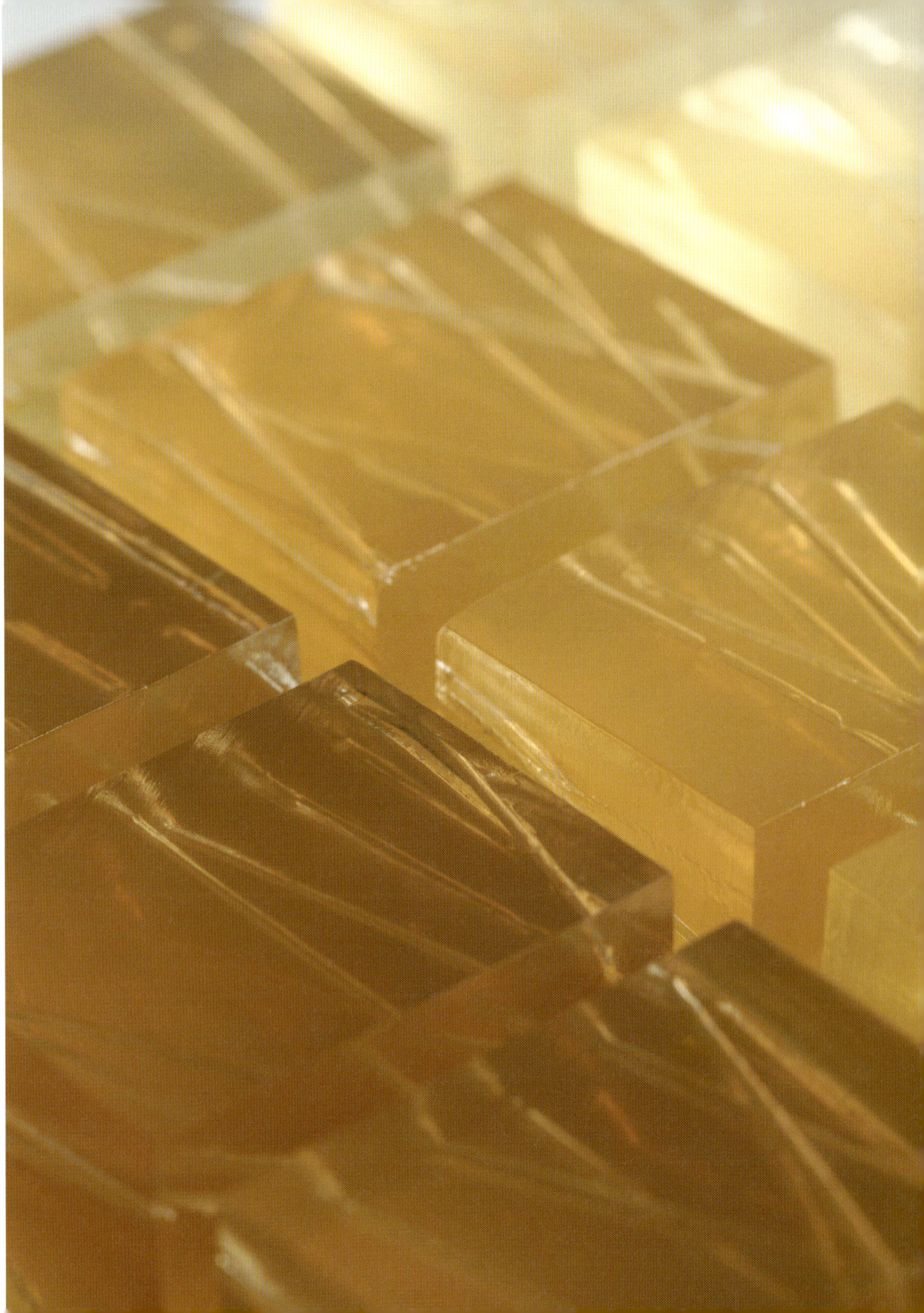

第 37 候

涼風至

すずかぜいたる

日差しが強く蒸し暑い夏こそ、そよぐ風や葉が風に揺れる音などの涼しげな情景はいっそう強く人の感性に働きかける。
透明な錦玉羹を波形の包丁で切り、白いういろうにのせるように巻く。錦玉羹の上に緑と水色の賽の目の羊羹を散らして、風の流れと風がもたらす音を表現した。

A cool breeze

The sun at its strongest makes for a hot sticky day. A breeze stirs. The sound of rustling leaves creates a refreshing scene which moves even the strongest of us.
Clear *kingyoku-kan* is cut into a strip with a ripple edged knife, creating a surface of parallel lines. It is then placed over a ball of white *uirō*. On top tiny bits of pale green and blue *yōkan* are scattered. The path of the breeze and its sound are reflected in this composition.

Un souffle d'air

En plein milieu de l'été, avec ses rayons de soleil ardents et sa moiteur étouffante, certaines scènes aussi fugaces que le souffle du vent ou le bruissement des feuilles qui s'agitent, suffisent à émouvoir profondément.
Le *kingyoku-kan* transparent, découpé avec un couteau dentelé, enveloppe un *uirō* blanc fourré. Sur le sommet de la gelée, des dés de *yōkan* vert et bleu clairs ont été ajoutés, renvoyant au mouvement et au souffle du vent.

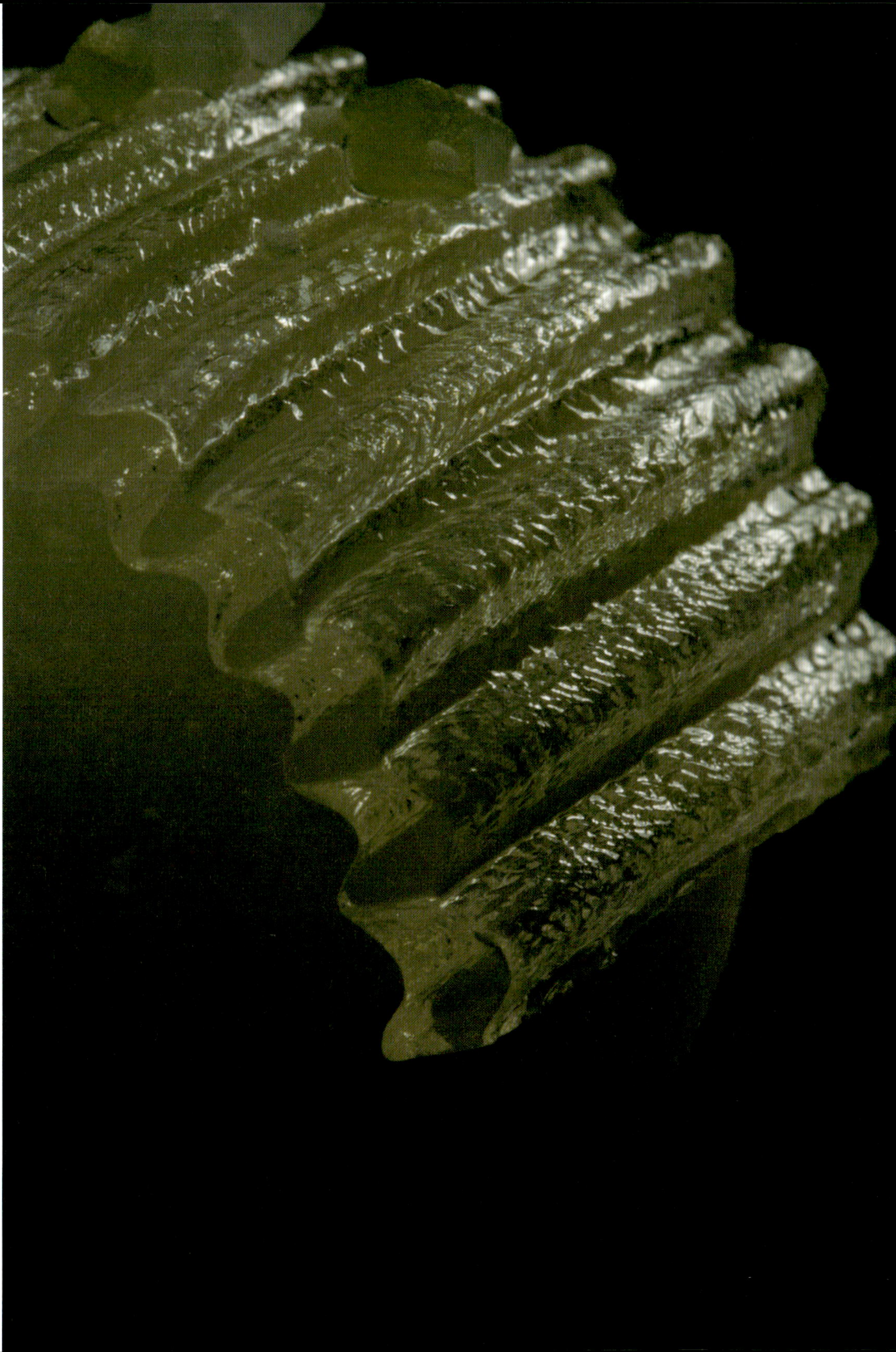

第 38 候

寒蝉鳴

ひぐらしなく

夕暮れに響くヒグラシの寂しげな鳴き声は、その音の余韻と共に夏の終わりを予感させる。
ヒグラシが鳴く頃、灯を川に流し死者を弔う灯籠流しという行事が行われる。
白のういろうの中に、赤と青のういろうを散らし、延ばして色をぼかし入れた。
筒にしたういろうに白餡を入れ、ぼんやりと光を通しながら流れる灯籠を表現した。

Cry of the evening cicada

At dusk, the ringing sound of the lonely cicada. This reverberating song foreshadows the final days of summer. About the same time, the annual event of floating votive lanterns down the river as a sign of mourning for one's departed relatives can be seen.
Red and blue bits of *uirō* are mixed into white *uirō*. When this is rolled out, the bits of color tint the sheet here and there. The *uirō* is formed into a tube surrounding a ball of *shiro-an*. abstractly, it seems as though light is being emitted from a small lantern as it floats away.

Chant des cigales

Le chant solitaire de la cigale *higurashi* (*tanna japonensis*) qui résonne à la tombée de la nuit annonce la fin de l'été. Cette cigale chante au moment de la fête des morts, lorsque l'on renvoie les esprits des défunts dans l'autre monde en déposant des lanternes sur les rivières.
Des notes de rouge et de bleu ont été ajoutées et fondues à l'abaisse blanche de *uirō*. Une garniture au *shiro-an* a été déposée au centre, reprenant ainsi l'image de la lanterne qui flotte sur la rivière en diffusant un faible faisceau de lumière.

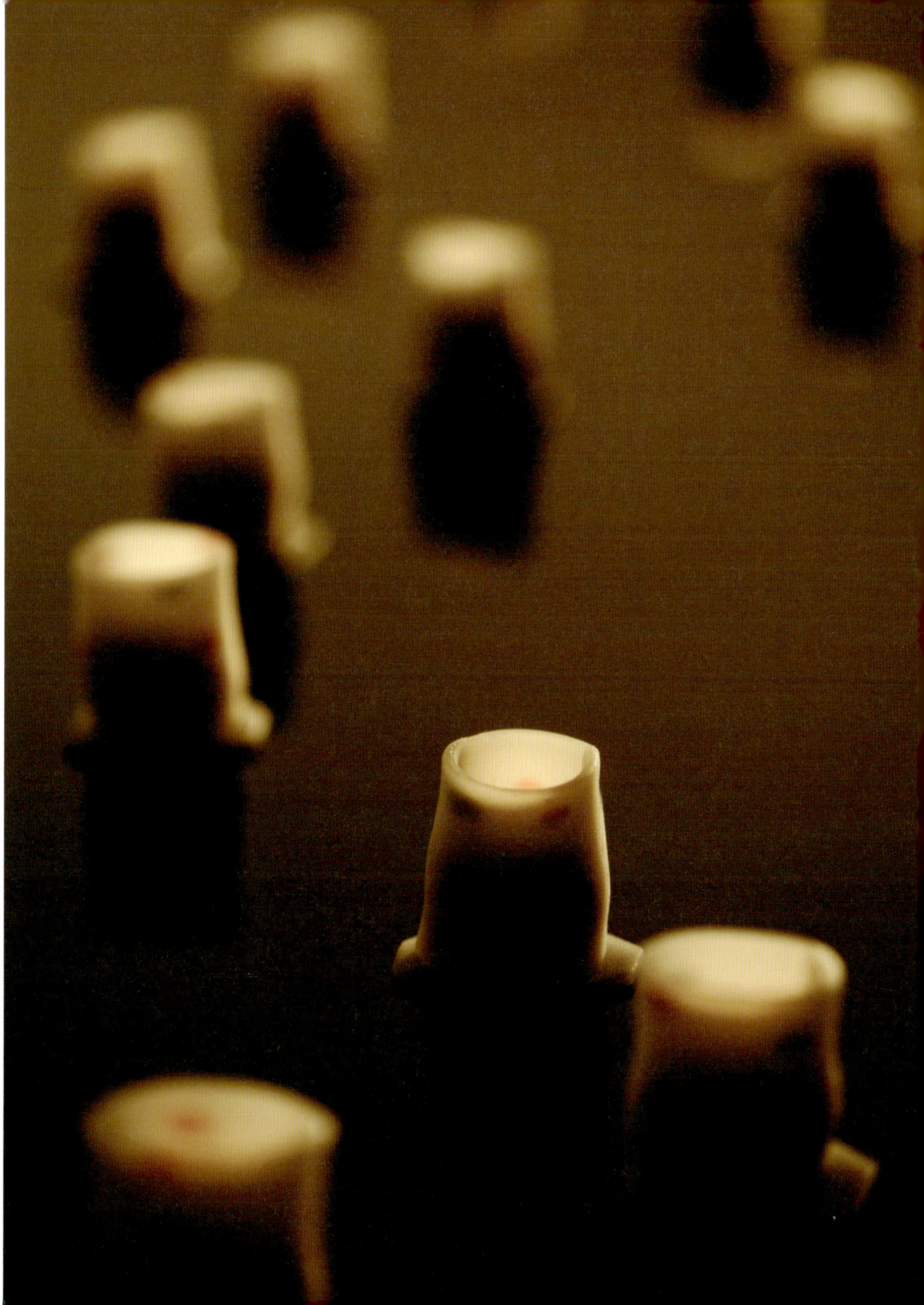

第 39 候

蒙霧升降

ふかききりまとう

湿気を含んだ空気の温度が急に下がると、霧が生じ視界はかすむ。
どんな場所からの眺めも霧の風景へと変化する。
漉し餡を包んだ白いういろうを、皺を寄せた和紙に薄く流した白い羊羹で巻き、
霧が景色に幾重にもかかる様子を表現した。

A heavy fog descends

When the temperature of the sultry air suddenly drops, fog results, blanketing the visible world. No matter from what place one looks, the fog has changed the landscape. White *uirō* is wrapped around a ball of *koshi-an*. A thin layer of *yōkan* is poured onto Japanese paper full of wrinkles. A strip of this *yōkan* is then wrapped around the ball of *uirō*. This captures the essence of the landscape caught in layers of fog.

Un jour de brouillard

Lorsque l'air est encore humide et que la température chute rapidement, un brouillard se forme, réduisant le champ visuel. Le brouillard enveloppe alors tout le paysage de son voile blanc.
Une fine couche de *yōkan* blanc, sur lequel un papier japonais froissé a été déposé avant la prise, enveloppe une pâte *uirō* fourrée. La composition évoque les nombreuses couches de brouillard qui occultent le paysage.

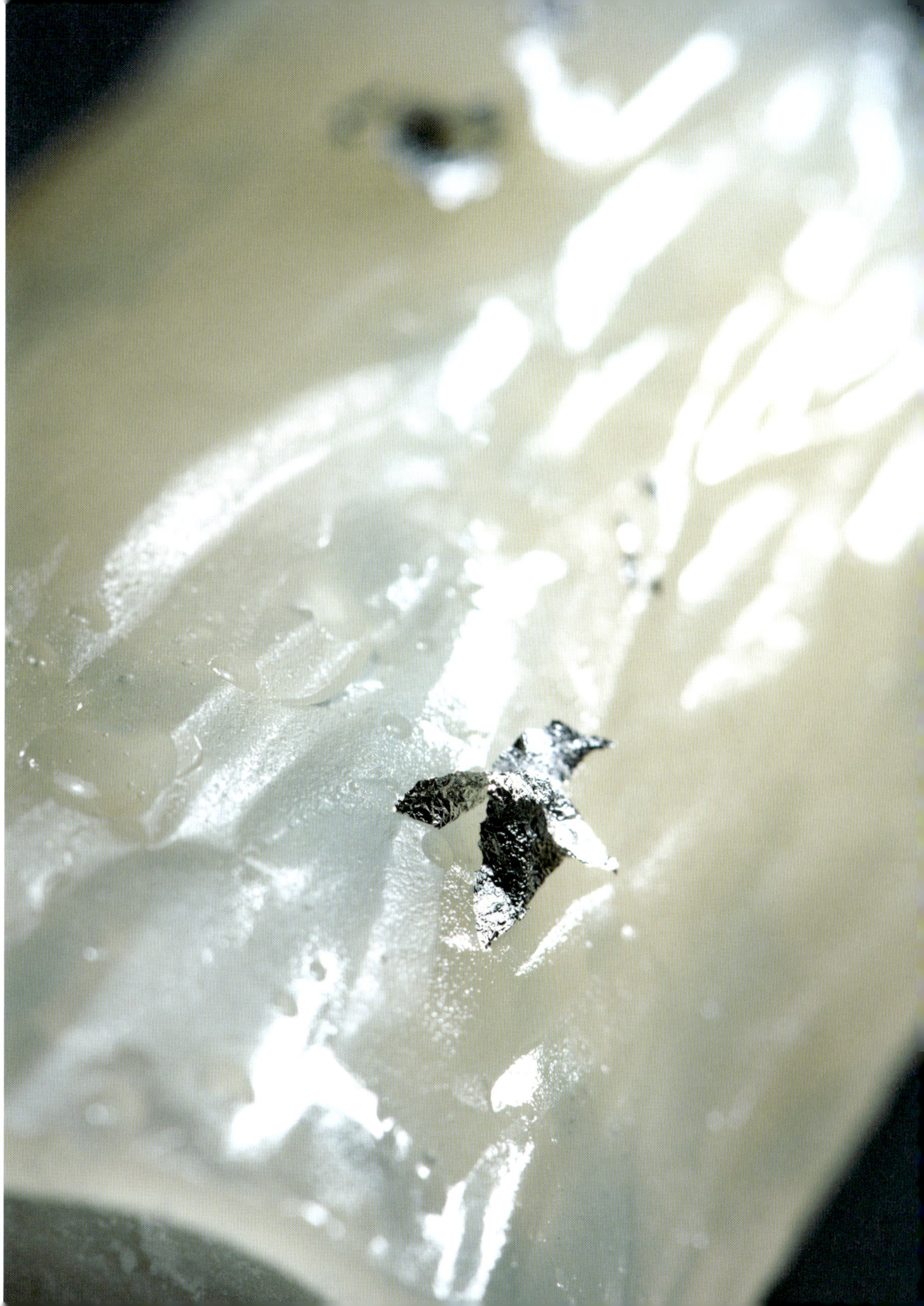

第 40 候

綿柎開

わたのはなしべひらく

綿は花を咲かせた後、蒴果（さくか）を膨らませながら熟していく。
やがてはじけ、中からふわりと柔らかい種を包んだ綿の塊を覗かせる。
浮島に切れ目を入れ、割れた綿の咢（がく）を表し、小倉羹と合わせ土台にした。
細かい目で裏ごしした白いきんとんをのせ、咢から現れる綿の塊に見立てた。

The cottonseed calyx opens

After the cottonseed flower blooms, its calyx swells and ripens, finally bursting open. From inside, a soft fluffy cottony mass which surrounds the seed can be seen peeking out.
The surface of a square of *ukishima* is cut in an "X" shape creating an opening through which a cottony "beard" emerges. The *ukishima* is placed on top of *ogura-kan*. Thin fine strands of white *kinton* are placed in the center of the "X" creating the impression that peeking out from this spot is the soft cottony fluff that surrounds the seed.

Les capsules de coton s'ouvrent

Après la floraison des fleurs, apparaissent sur le cotonnier des fruits qui vont grossir et mûrir. Ils vont ensuite s'ouvrir et laisser échapper les houppes de fibres légères et douces qui enveloppent les graines.
Ukishima coupé en surface à l'image des fentes de la capsule de coton et associé à un *ogura-kan* qui représente la terre.
Un *kinton* blanc très fin imite les fibres de coton qui sortent de la capsule.

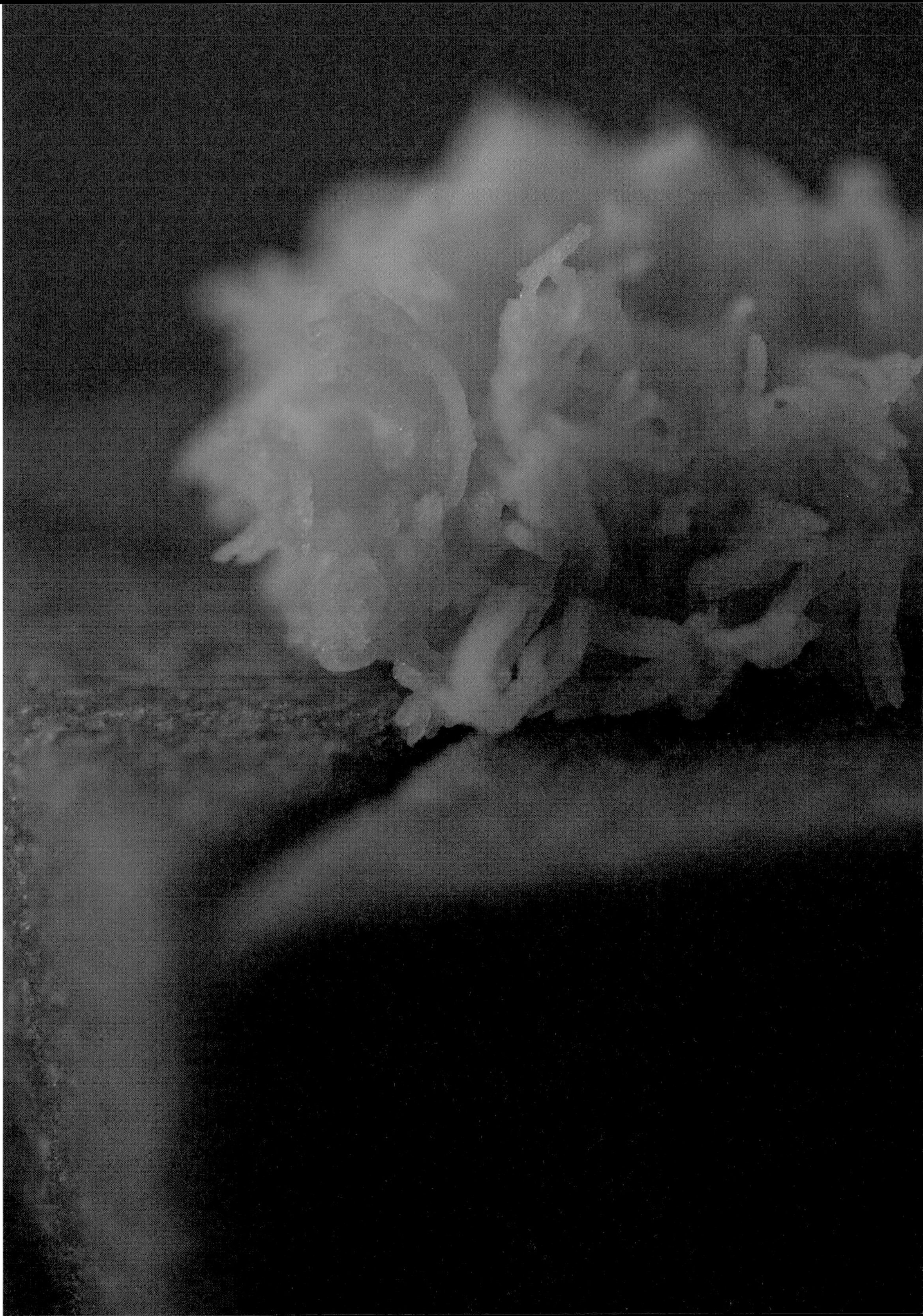

第 41 候

天地始粛

てんちはじめてさむし

半分だけ黄に色づいて落ちる桐の葉は、夏の終焉と秋の訪れを告げる最初の印となる。その風情を片桐且元という武将は「桐一葉落ちて天下の秋を知る」という句に込めた。
桐の葉の緑と、黄葉を表した黄の2色の練りきりを茶巾で絞る。
やや太めに絞った先端を斜めに切り落とし、落葉した桐の葉のつけ根を表現した。

The earth begins to cool

The first evidence of summer's last moments and autumn's advent is the fallen paulownia leaf which has turned half yellow. Katagiri Katsumoto (1556-1615), a famous samurai, is said to have written a poem saying, "When one paulownia leaf falls, we know autumn has arrived."
The paulownia has partially turned from green to yellow. These two colors of *nerikiri* are formed into a somewhat plump leaf shape by being squeezed in a fine cloth (*chakin-shibori*). The tip is cut off at an angle indicating the base of the fallen leaf's stem where it was once attached to a branch.

Arrivée du froid

La feuille de paulownia qui tombe après n'avoir jauni qu'à moitié est le premier signe qui annonce la fin de l'été et l'arrivée de l'automne. Le guerrier Katagiri Katsumoto (1556-1615) aurait, dit-on, évoqué ce paysage dans son haïku « Une feuille de paulownia tombe et l'automne s'installe ».
Nerikiri de deux couleurs façonné avec un tissu (*chakin-shibori*), le vert pour la feuille de paulownia et le jaune pour sa partie fanée. L'extrémité relativement épaisse de la pièce est coupée en biais, rappelant la tige de la feuille de paulownia qui vient de tomber.

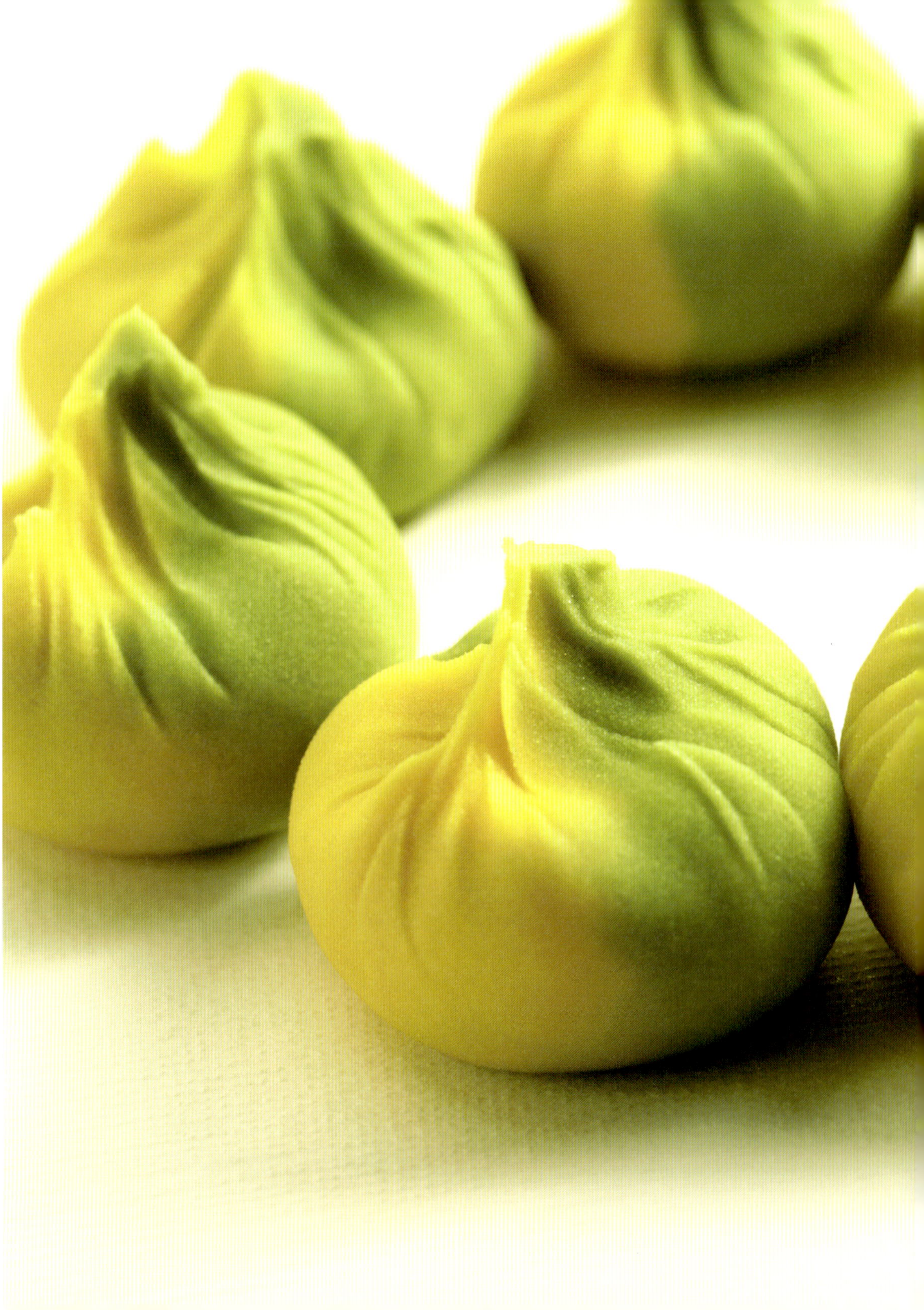

第 42 候

禾乃登

こくのものすなわちみのる

禾は稲や麦などの穀物を指す。秋に稲は実り、田園を黄金色に一変させる。
その時期に人々は総出で稲を刈り、少しずつ大切に束にして収穫をしていく。
漉し餡を黄色い餅皮で筒状に包み、束ねられた稲を表現した。さらに稲の焼き印と
散らした米粉で、稲の刈り取りの様子から脱穀された米までを表わした。

Ripening grains

These grains could be rice, wheat or other cereal grains. In the fall, as rice ripens in the fields, it changes to a golden yellow color. Then everyone in the area gathers in full force to harvest the ripened grains, and little by little to bundle them into sheaves.
Koshi-an is wrapped in a tube shaped strip of yellow tinted *mochi-kawa*, which is meant to resemble a sheaf of rice. With a decorative brand (*yaki-in*), an image of a ripened rice plant is impressed on the surface which is then dusted with rice flour. This one sweet captures encapsulate the process harvesting to threshing of the annual rice crop.

Récolte

À l'automne, le riz mûrit et les rizières se parent d'une belle couleur or. Les agriculteurs unissent leurs efforts pour commencer la récolte, coupant délicatement les brins de riz en petites gerbes.
La botte de riz fraîchement coupée est ici représentée par un *mochi-kawa* jaune roulé et garni de *koshi-an*. Avec son brin de riz apposé au fer (*yaki-in*) et ses quelques pincées de farine de riz saupoudrées en finition, la pièce évoque la récolte du riz, de la fauche des champs jusqu'au battage.

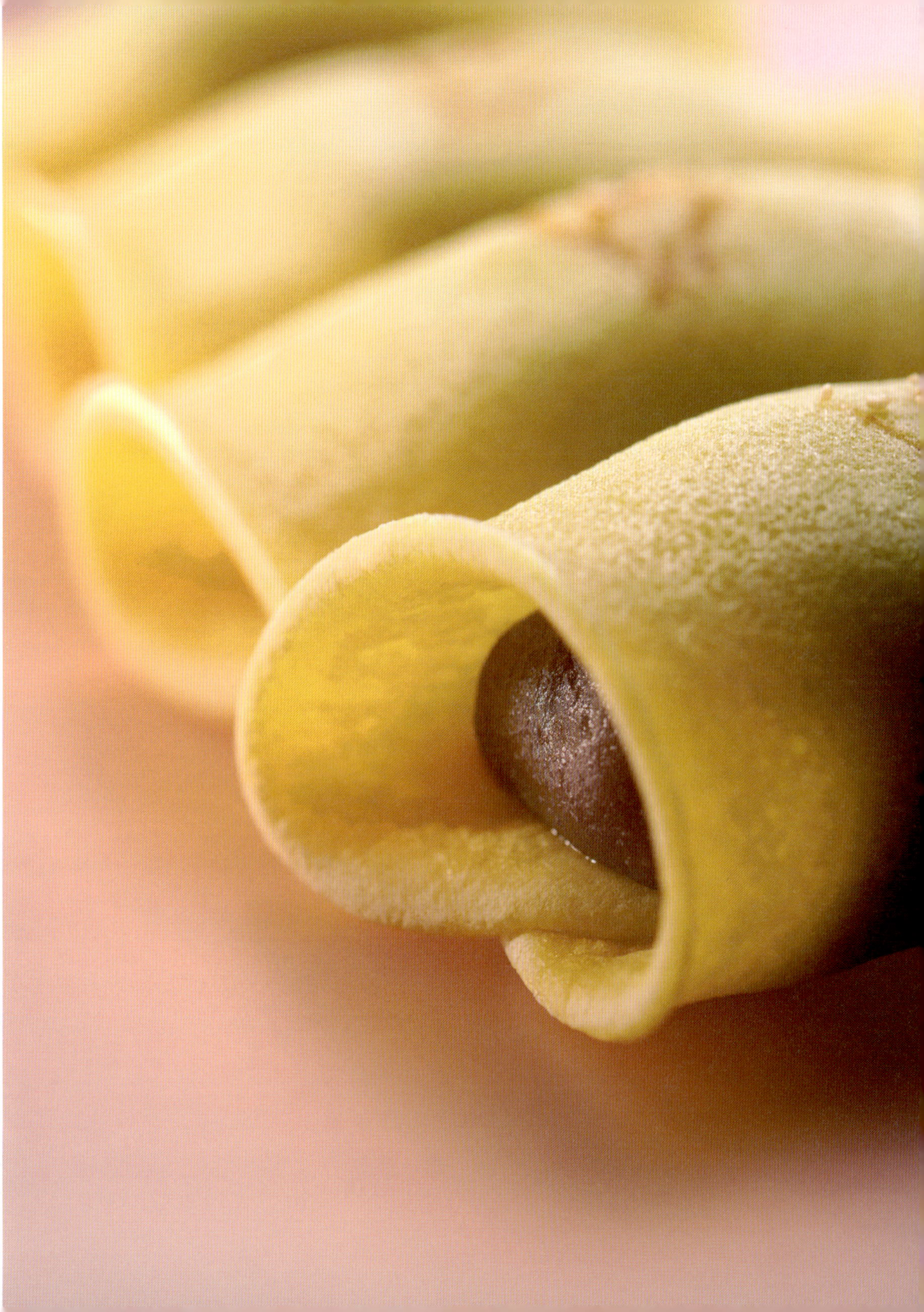

第 43 候

草露白

くさのつゆしろし

秋が進むと、気温の差によって朝の草木に露が降りる。露草は光る朝露と共に可憐な紫の花を咲かせるが、花は昼には閉じてしまう。
秋の草花の 3 色、紫白緑のこなしで餡を包み、米粉の露を散らし露草の焼き印を空押しする。こなしを使うことで秋草らしい淡く儚げな色を作り出した。

White dew on grass

As fall advances, the temperature begins to fluctuate and morning dew appears on the trees and grasses. The dayflower or spider wort (*tsuyukusa*) sparkles in the early morning light as a tiny purple flower blooms. By noon the flower has faded.
This image of autumn is interpreted in a strip of pale, fleeting fall colors. Purple, white and green *konashi* are wrapped around a ball of *koshi-an* . Rice flour "dew" (*tsuyu*) is sprinkled on the surface and a decorative brand (*yaki-in*) with an image of dew covered grasses (*tsuyugusa*) is impressed into the white portion of the *konashi*.

Rosée du matin

Avec l'avancée de l'automne, une légère rosée se forme sur la végétation en raison des changements de température. Les gracieuses fleurs de la plante *tsuyu-kusa* s'épanouissent tant que la rosée du matin scintille. Elle les referme avant que midi ne sonne.
Konashi fourrée aux couleurs des fleurs d'automne, blanches, vertes et violettes. De la farine de riz pour la rosée a été ensuite ajoutée, ainsi qu'un motif, représentant la plante, au fer non chauffé (*yaki-in*). La pâte *konashi* permet d'obtenir des couleurs fondues et légères, caractéristiques de la végétation à l'automne.

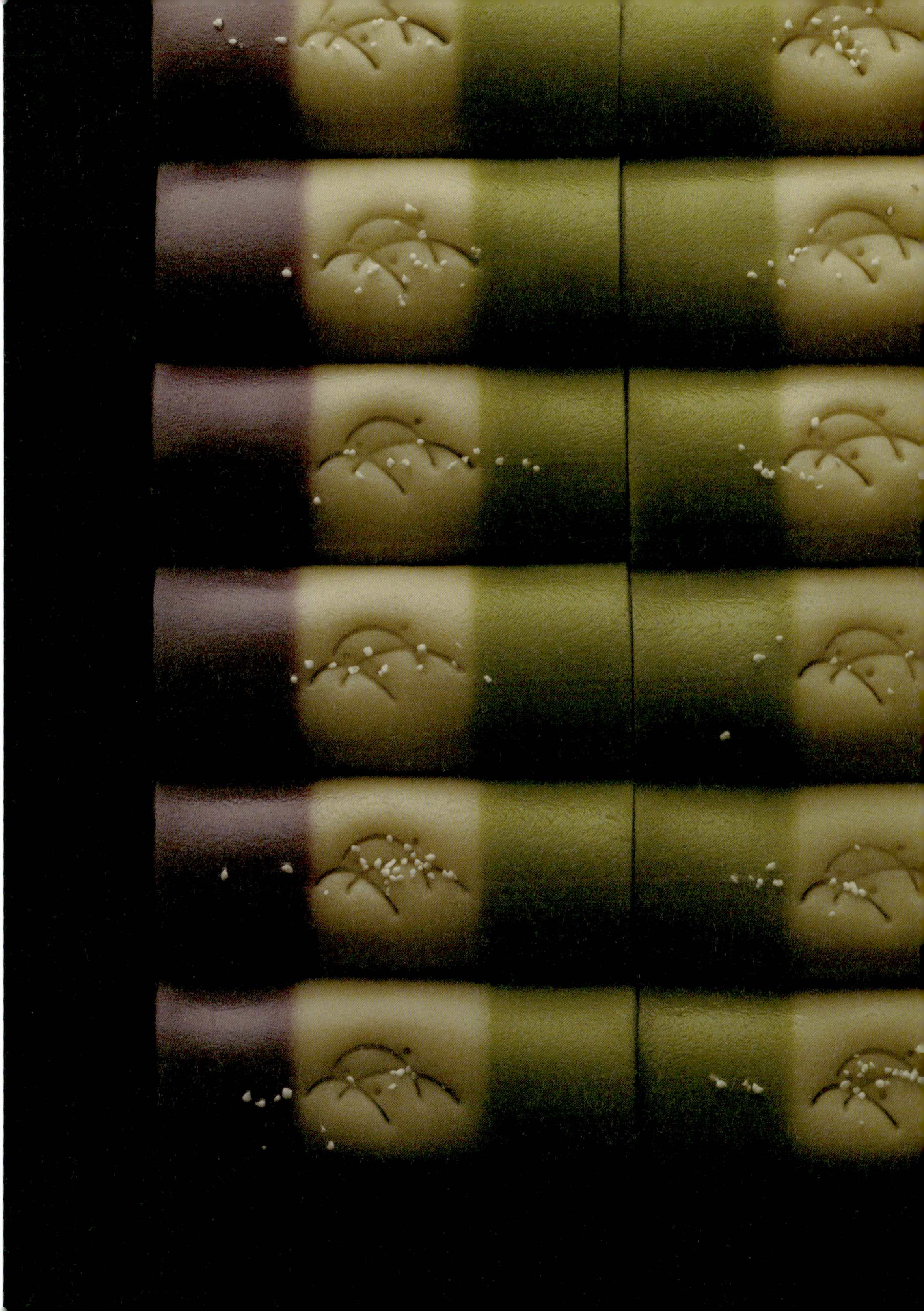

第 44 候

鶺鴒鳴

せきれいなく

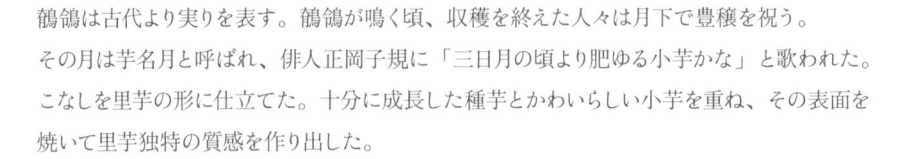

鶺鴒は古代より実りを表す。鶺鴒が鳴く頃、収穫を終えた人々は月下で豊穣を祝う。その月は芋名月と呼ばれ、俳人正岡子規に「三日月の頃より肥ゆる小芋かな」と歌われた。こなしを里芋の形に仕立てた。十分に成長した種芋とかわいらしい小芋を重ね、その表面を焼いて里芋独特の質感を作り出した。

Cry of the wagtail

From ancient times, the wagtail (*sekirei*) has been associated with ripen grains. When one hears its call, it means the harvest is complete. Then under the full moon, sometimes referred to as the "taro full moon" (*imo-meigetsu*), everyone gathers to celebrate the abundant harvest. The *Haiku* poet Masaoka Shiki (1867-1902) wrote, "After the crescent moon passes, the little taro gradually becomes plump and round."
Konashi is formed into the shape of a taro potato. A sufficiently mature little seed potato is placed on top. The surfaces are lightly singed creating the unique quality of a little taro.

Le chant de la bergeronnette

Depuis l'antiquité, la bergeronnette (*sekirei*) est liée aux récoltes. Quand la bergeronnette commence à chanter, les hommes ont fini de récolter et fêtent la fin de la saison au clair de lune. La lune de cette saison est appelée « Pleine lune du tubercule taro (*imo-meigetsu*)», comme l'a décrite le célèbre poète Masaoka Shiki (1867-1902) « Petit taro qui grossit à partir du Premier croissant de lune ».
Konashi façonné en forme de taro. Sur la souche de belle taille, un petit taro en germe. La surface a été légèrement grillée afin de se rapprocher de la texture si particulière du taro.

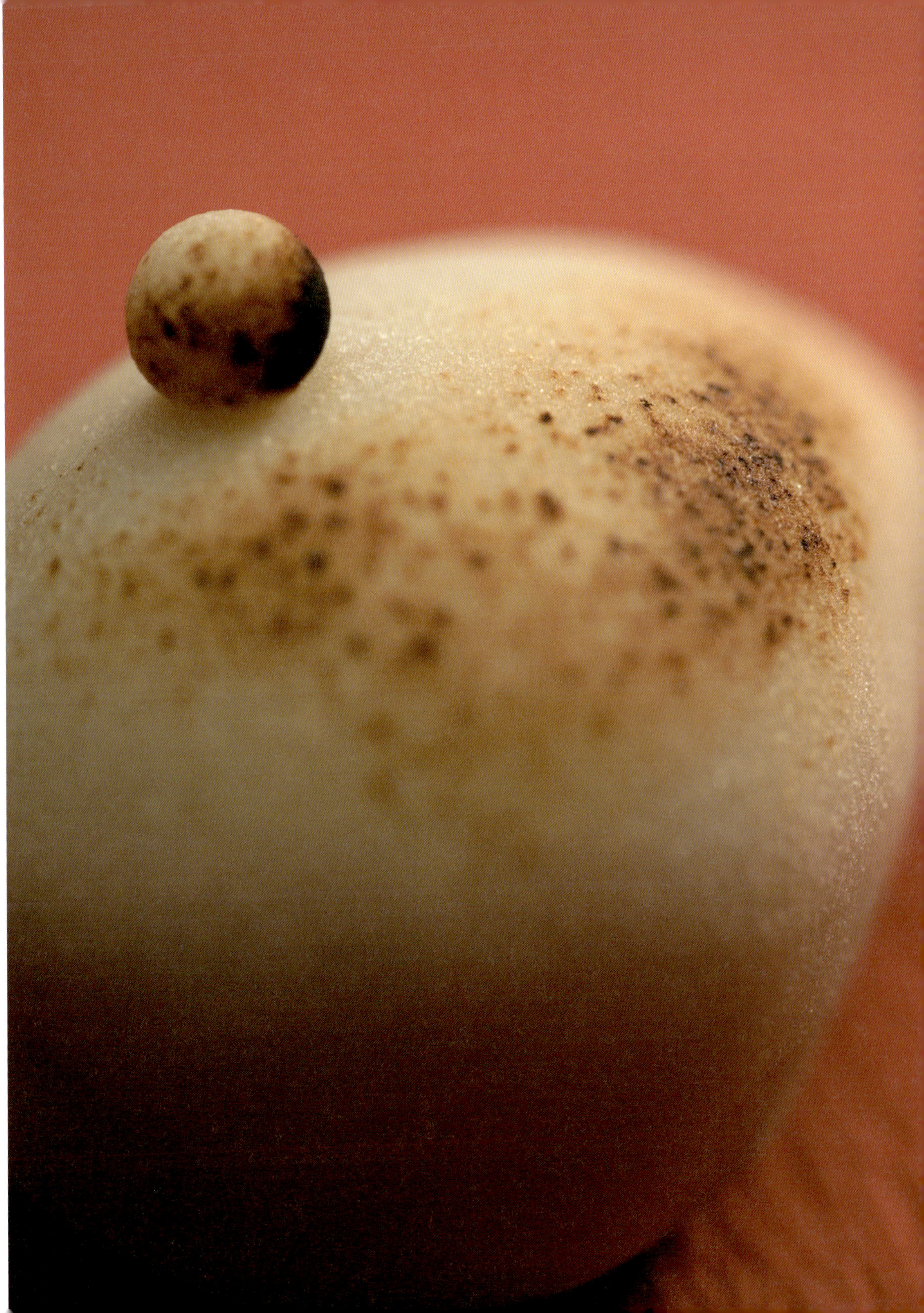

第 45 候

玄鳥去

つばめさる

ツバメは夏を日本で過ごし、繁殖が終わると再び越冬のために南に渡っていく。
夕暮れの空と、姿を現した月を背に、ツバメは空を飛んでいく。
紅い村雨と、緑に染めた白小豆の小倉羹に、黄色の丸い羊羹をはめ込む。
胡麻を一粒のせ、月が佇む風景にぽつんと飛んでいくツバメの姿を表した。

The swallow departs

The swallow resides in Japan during the summer, but once breeding season is over, it migrates south for the winter. In the early evening sky, one sees a tiny swallow as it passes in front of the moon.
Between layers of red *murasame* and green tinted *ogura-kan* is a round of yellow tinted *yōkan* One black sesame seed is placed on the yellow round. The image of a tiny swallow flying across the sky with the moon as a backdrop.

L'envol d'une hirondelle

Les hirondelles passent l'été au Japon pour se reproduire. Elles s'en retournent ensuite dans le sud pendant l'hiver. Alors que le soleil se couche et que la lune a déjà fait son apparition, les hirondelles prennent leur envol.
Yōkan jaune et rond inséré entre un *murasame* rouge et un *ogura-kan* coloré en vert. Un grain de sésame noir a été ajouté : solitaire, une hirondelle prend son envol, laissant la lune derrière elle.

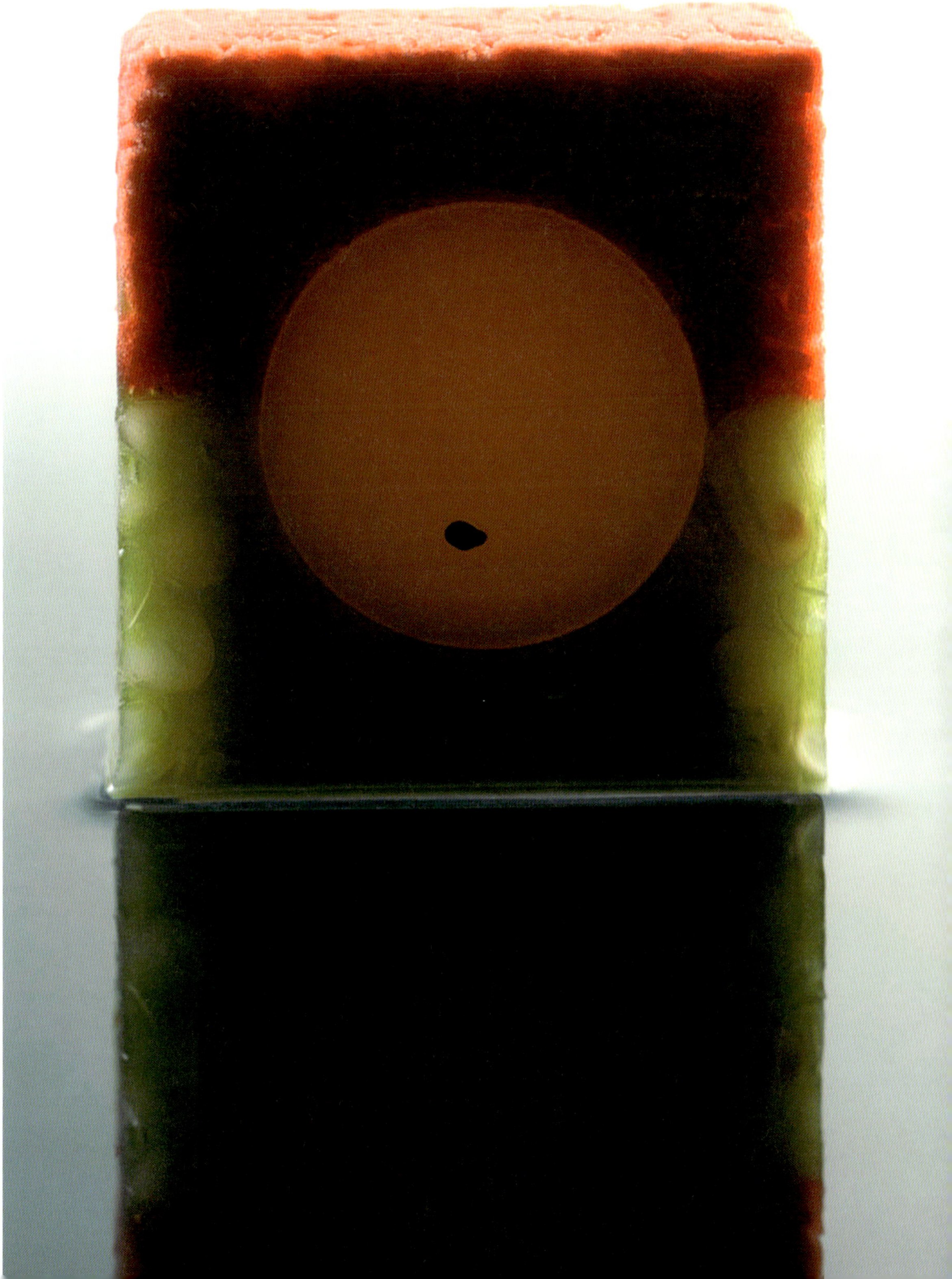

第 46 候

雷乃収声

かみなりすなわちこえをおさむ

雷が響かなくなると、代わりに野分けと呼ばれる嵐が訪れる。人々はその気候の変化を、雷神が去り、風神が力を誇示していると感じた。
白焼きの餅皮で漉し餡を包み、雷を表す三つ巴の紋を押す。それをういろうで巾着のように包み、雷神を押さえる風神の袋を表現した。仕上げに２色のこなしを捩った紐で袋を結んだ。

The god of thunder becomes quiet

A clap of thunder resounds, announcing the arrival of strong seasonal winds. When this sound is heard, everyone realizes that the seasons are changing. The god of thunder is leaving, and in his place, the god of wind's strength is on display.
White *mochi-kawa* is wrapped around a ball of *koshi-an*. A 3 comma crest of the god of thunder is pressed into its surface. Then *uirō* is wrapped around this in a way that suggests an old fashioned money pouch, creating the allusion that the god of thunder has been quelled by the god of wind. A twisted rope made from 2colors of *konashi* is used to bind the bag.

Tonnerre réduit au silence

Lorsque le tonnerre ne gronde plus, vient la saison des tempêtes.
Les Japonais interprètent ce changement de temps comme le départ du dieu du tonnerre et l'arrivée du dieu du vent qui parade et se livre à une démonstration de sa force.
Mochi-kawa garni de crème et estampillé de l'emblème du tonnerre. La crêpe a ensuite été enveloppée dans une petite bourse en *uirō*, à l'image du dieu du vent qui neutralise le dieu du tonnerre dans un sac. Une cordelette bicolore en *konashi* nouée autour du sac termine la composition.

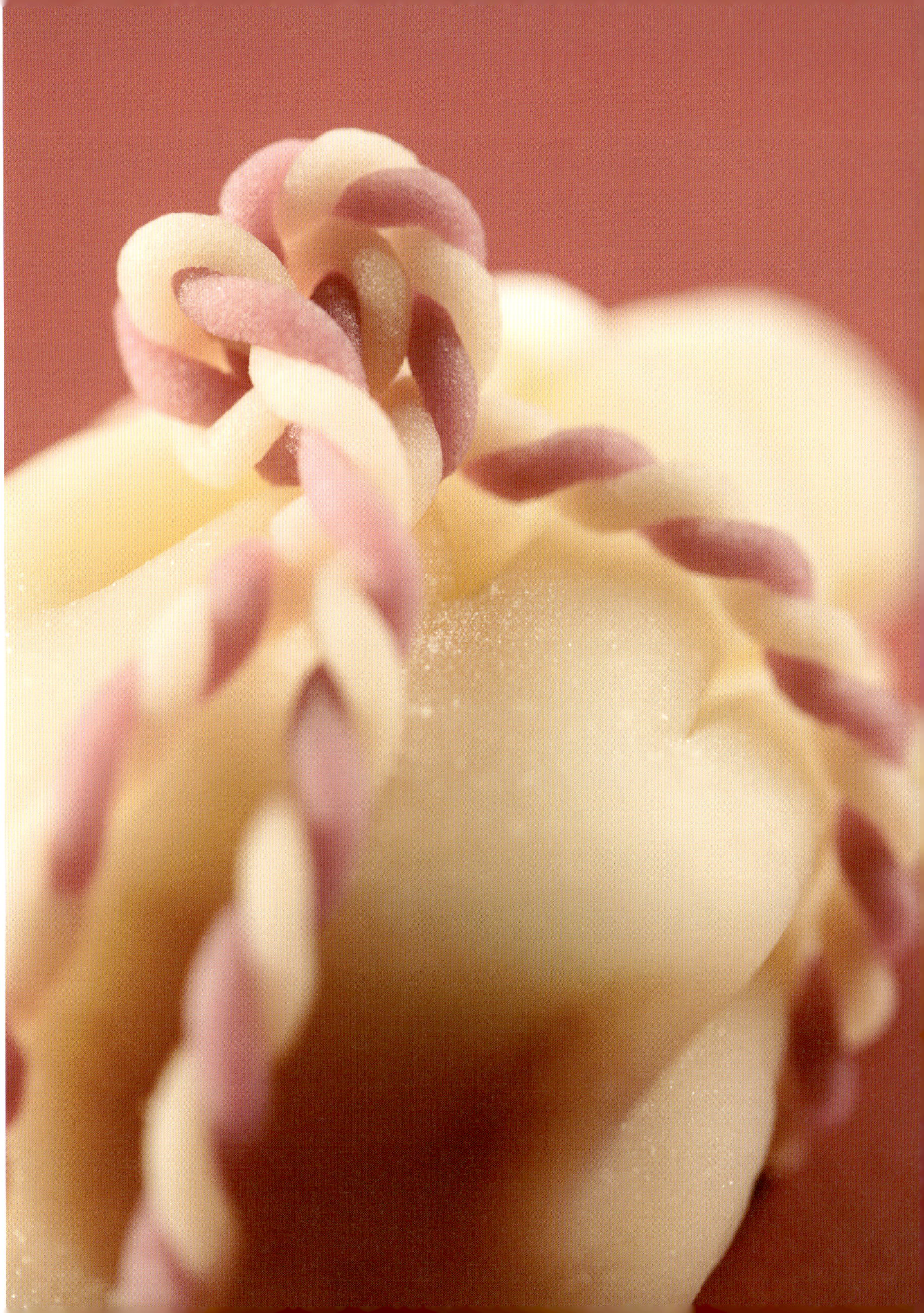

第 47 候

蟄虫培戸

むしかくれてとをふさぐ

秋が深まると、虫は寒さや外敵を避けて地中に身を隠す。
モミジが落ちて、様々な色が散る大地を掘ると、柔らかな腐葉土に潜む虫が見つかる。
中華種で粒餡をはさみ、地層のような断面になるように丸く切る。
練りきりの落葉と賽の目に切ったモミジ色の羊羹を散らせば、虫が隠れる秋の大地が現れる。

Hibernating insects shut the door

As fall deepens, insects flee underground to hide, escaping both their enemies and the impending cold. Colored autumn leaves (*momiji*) fall, piling up one color on top of another. Under this soft pile of decaying leaves can be found dormant insects.
A layer of *tsubu-an* is sandwiched between two layers of *chūka-dane*. The sweet is then cut into cylinders, like a core sample of earth. A *nerikiri* leaf is placed on top and small cubes of autumn colored *yōkan* are lightly sprinkled across the top.

Les hibernants ferment la porte

Alors que l'automne s'installe, les insectes fuient le froid et les prédateurs, et se dissimulent dans le sol. Si l'on gratte un peu la terre où tombent les feuilles aux couleurs d'automne, on découvre des insectes qui se cachent dans cette couche de feuilles mortes en cours de décomposition.
Chūka-dane garni de *tsubu-an*. La galette a été détaillée en cercle pour obtenir à la coupe un effet similaire aux couches dans le sol. Avec une feuille morte façonnée en *nerikiri* et quelques dés de *yōkan* aux couleurs des feuilles d'érable (*momiji*), on retrouve l'image de la terre où se réfugient les insectes à l'automne.

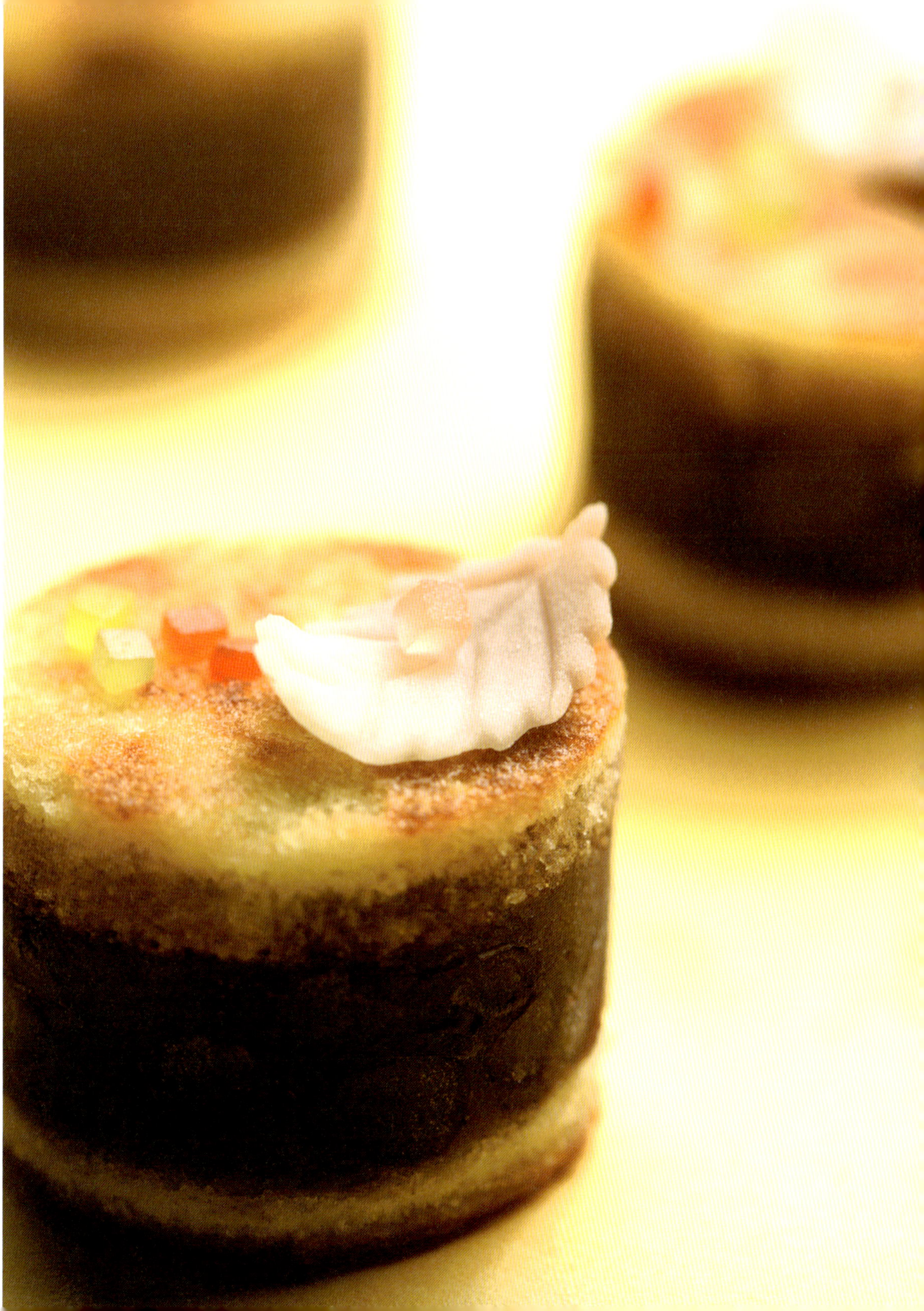

第 48 候

水始涸

みずはじめてかるる

稲が十分に育った田からは水が抜かれ、稲刈りの為に田は涸れる。
人々は収穫の後で恵みに感謝を捧げるために、月にススキを飾り作物を供えた。
蕎麦薯蕷饅頭を天焼きし、さらにススキを焼き印でおした。
人々が楽しむ月見を思い、月に照らされるススキのある情景を表現した。

Water begins to dry up
Once the rice has matured sufficiently, the water is drained, drying the fields and making it easier to harvest the crop. Once the harvest is over, people give thanks by making decorated eulalia grass (*susuki*) offerings to the moon.
After a *soba jōyo-manjū* is made, the top is browned. Finally the image of eulalia grass is placed on top using a decorative brand (*yaki-in*). While people give thanks, they also get great pleasure from the beauty of autumn's full moon.

Rizières asséchées
Les rizières, où le riz est arrivé à maturité, ne sont plus irriguées, on les assèche pour pouvoir récolter. Après la récolte, en guise de remerciements à la nature pour ses bienfaits, les riziculteurs fêtent la lune en présentant des offrandes et en décorant les autels d'herbes de pampas (*susuki*).
Jōyo-manjū à la farine de sarrasin que l'on a grillé sur une face sur une plaque, et estampillé au fer chaud (*yaki-in*) du motif des herbes de pampas. La composition évoque les Japonais admirant la lune d'automne et les susuki illuminés par la lueur de la lune.

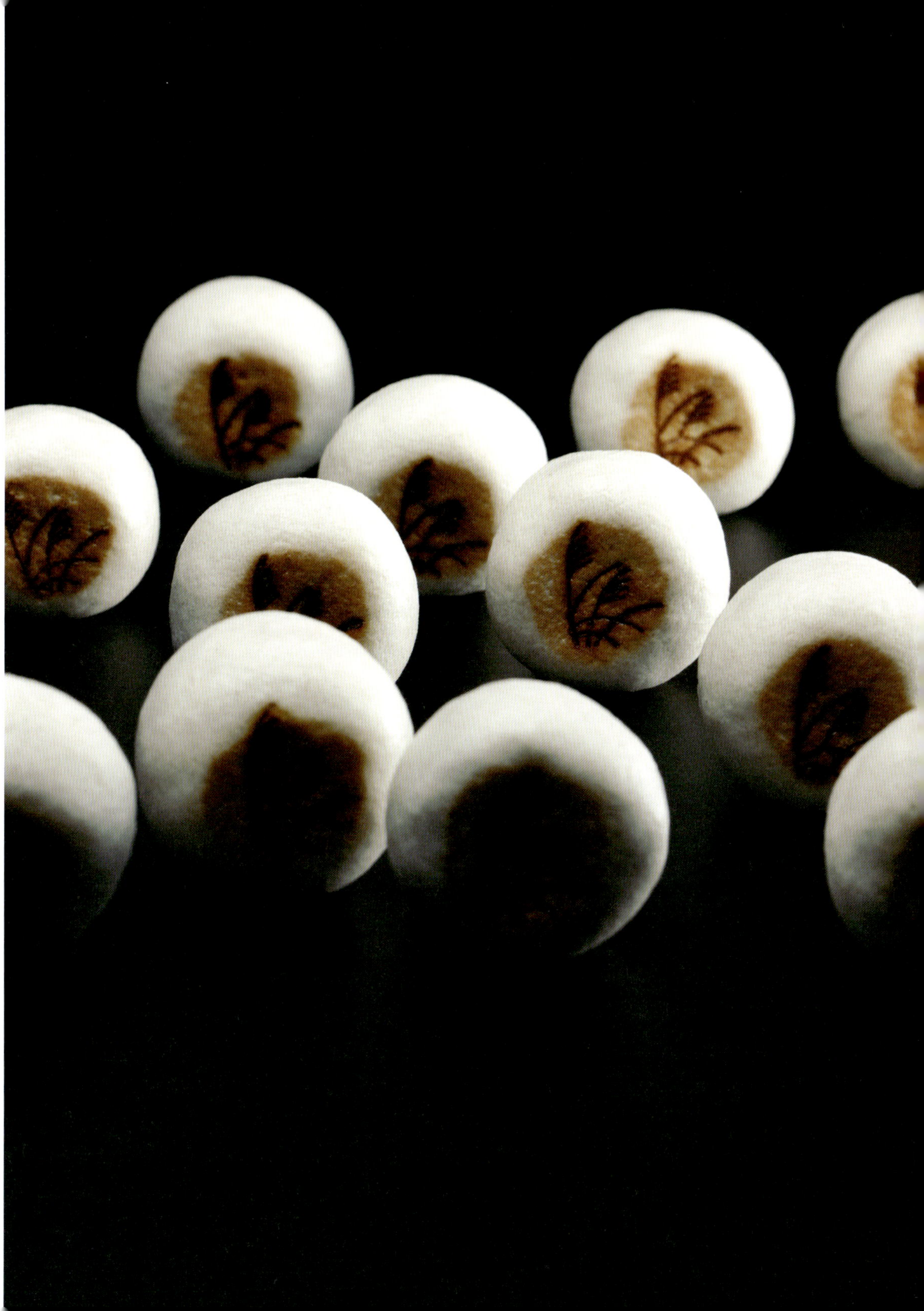

第 49 候

鴻雁来

こうがんきたる

雁は冬の寒さを逃れるために、北から群れで海を渡りやってくる。
群れは、雁行と呼ばれる特有の斜めの並びで空を飛ぶ。
黒砂糖の葛饅頭で漉し餡を包む。
ユリネの断面が表面に見えるように加え、雁が群れで飛ぶ姿を現した。

Wild geese arrive

The geese flee from the north to escape the cold. Flying in their characteristic diagonal "V" formation, they make their way across the sea to Japan.
A brown sugar *kuzu-manjū* is wrapped around a ball of *koshi-an*. Slivers of lily bulb petals, placed on the surface, are visible, suggesting the arriving geese flying in their "V" formation.

Arrivée des oies sauvages

Fuyant les rigueurs de l'hiver, les oies sauvages quittent le nord et traversent la mer jusqu'au Japon. Les oies volent dans le ciel d'une façon caractéristique, alignées en diagonale.
Kuzu-manjū au sucre noir garni de *koshi-an*. Des oreillons de bulbes de lys apparaissent de profil en surface, rappelant le vol des oies sauvages.

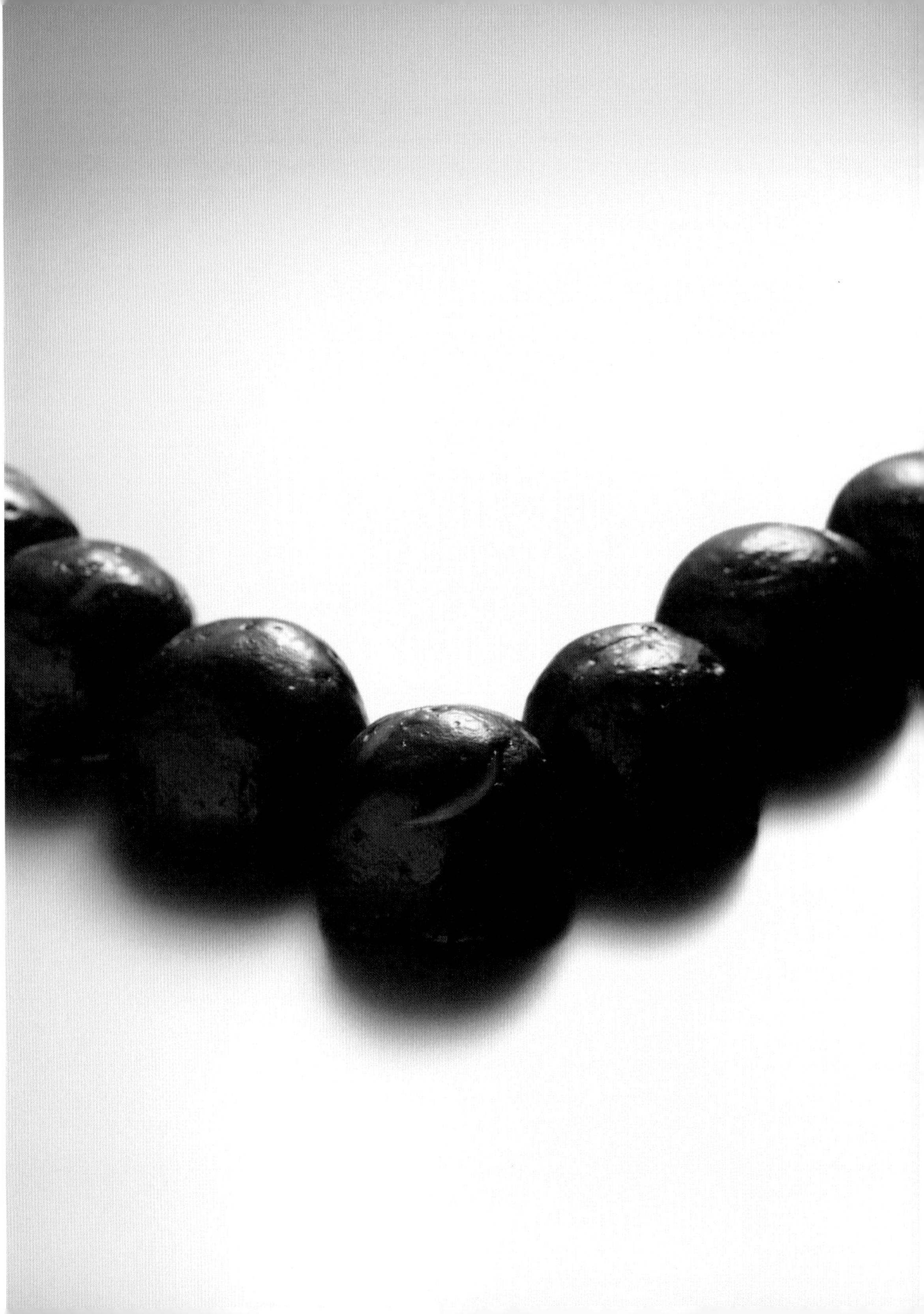

第 50 候

菊花開

きくのはなひらく

菊の花が咲くと、細かく広がる花びらと中央の花しべが独特の形を描く。
菊は、春の桜と同じく、古くから日本を象徴する花として愛されてきた。
黄色の地に桃色を混ぜた練りきりを、茶巾で絞って菊の繊細な花びらを表現した。
桃色と花しべの橙色を加えることで、形をより立体的に繊細に仕上げた。

The chrysanthemum opens

When chrysanthemums bloom, the unique shape of their long thin petals and center stamens attracts the eye. Since ancient times, the chrysanthemum, like the cherry blossom, has been an emblematic flower of Japan and has become a favorite.
Peach tinged yellow *nerikiri* is formed into a chrysanthemum by squeezing it in a fine cloth. (*chakin shibori*) In this manner, the long fine flower petals are suggested. A bit of orange *nerikiri* is used for the center. Through only these two colors, the three-dimensional shape of a chrysanthemum is delicately revealed.

Eclosion des chrysanthèmes

Les pétales très fins et le coeur du chrysanthème présentent une forme particulière. Tout comme le *sakura* au printemps, le chrysanthème symbolise le Japon depuis des temps reculés.
Nerikiri jaune émaillé de rose pâle et façonné à l'aide d'un tissu (*chakin shibori*) pour rendre la délicatesse des pétales du chrysanthème. Le rose pâle et l'orange du cœur de la fleur apportent volume et élégance à la pièce.

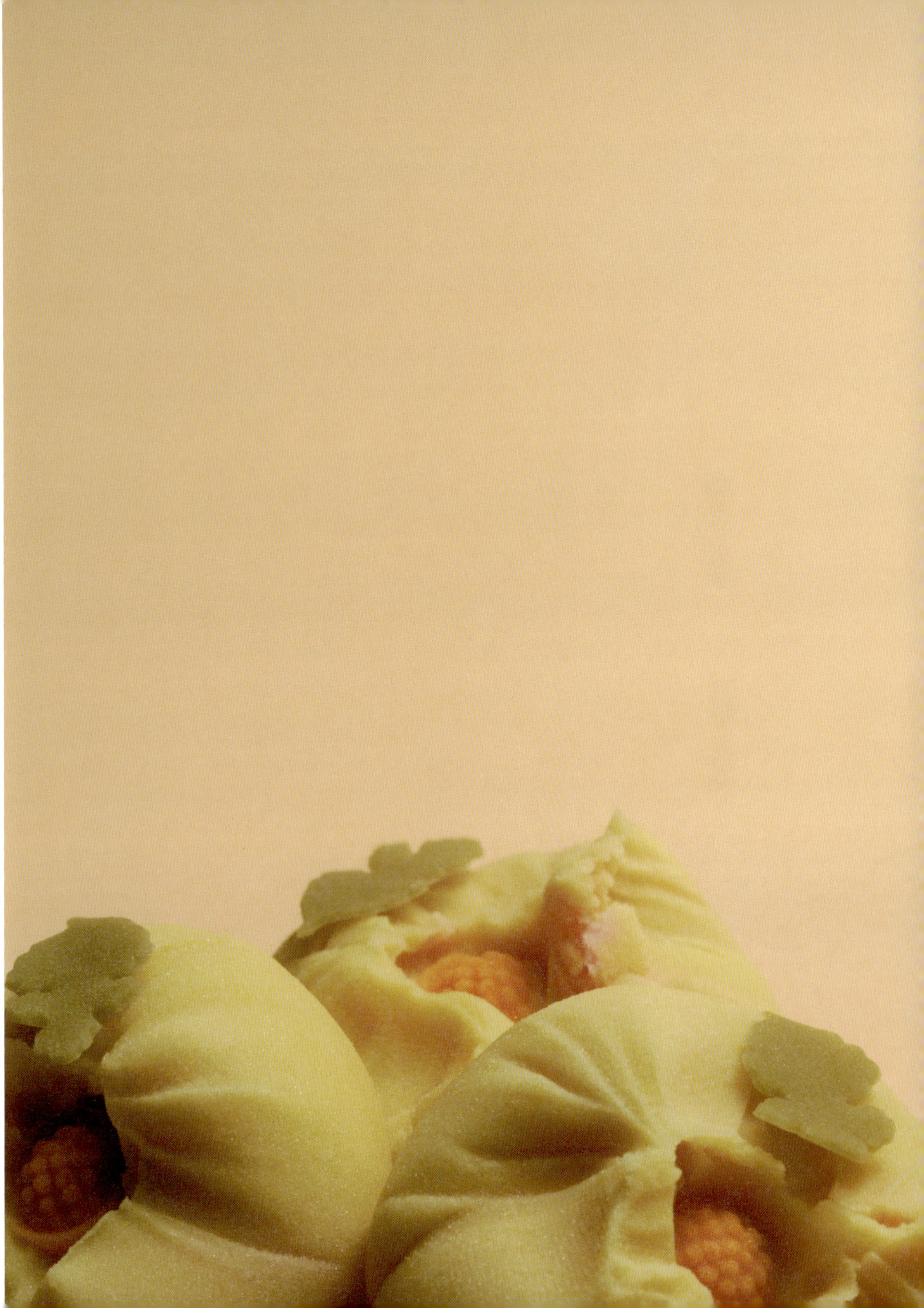

第 51 候

蟋蟀在戸

きりぎりすとにあり

半開きの戸の下、人間の営みの温かさに寄り添おうとするように、キリギリスの鳴き声だけが寂しく響く。
千筋で筋をつけたこなしで漉し餡を包んだ。外を表す緑と、木の戸を表す茶のこなしに、キリギリスの焼き印を空押しし、姿を見せず、声だけを響かせるキリギリスを表した。

A cricket at the door

Beneath a half opened door, the warmth escapes from people's places of business. It beckons the cricket to draw near, the sound of his forlorn chirping reverberating inside. A strip of *konashi* is pressed into a *sensuji* and then wrapped around a ball of *koshi-an*. The green *konashi* represents the outside, the light brown, the wooden door. Using a decorative brand (*yaki-in*), an image of a cricket is impressed into the brown *konashi* making his shape somewhat hard to see - yet his song reverberates.

Criquet au seuil de la porte

On ne perçoit plus que le chant triste du criquet qui, dans l'entrebâillement de la porte, voudrait bien profiter de la chaleur de la demeure de l'homme.
Konashi rainuré au *sensuji* et fourré au *koshi-an*. La couleur verte renvoie à l'extérieur, le brun à la porte en bois. Le criquet apparaît en relief, ne se laissant pas voir mais seulement entendre.

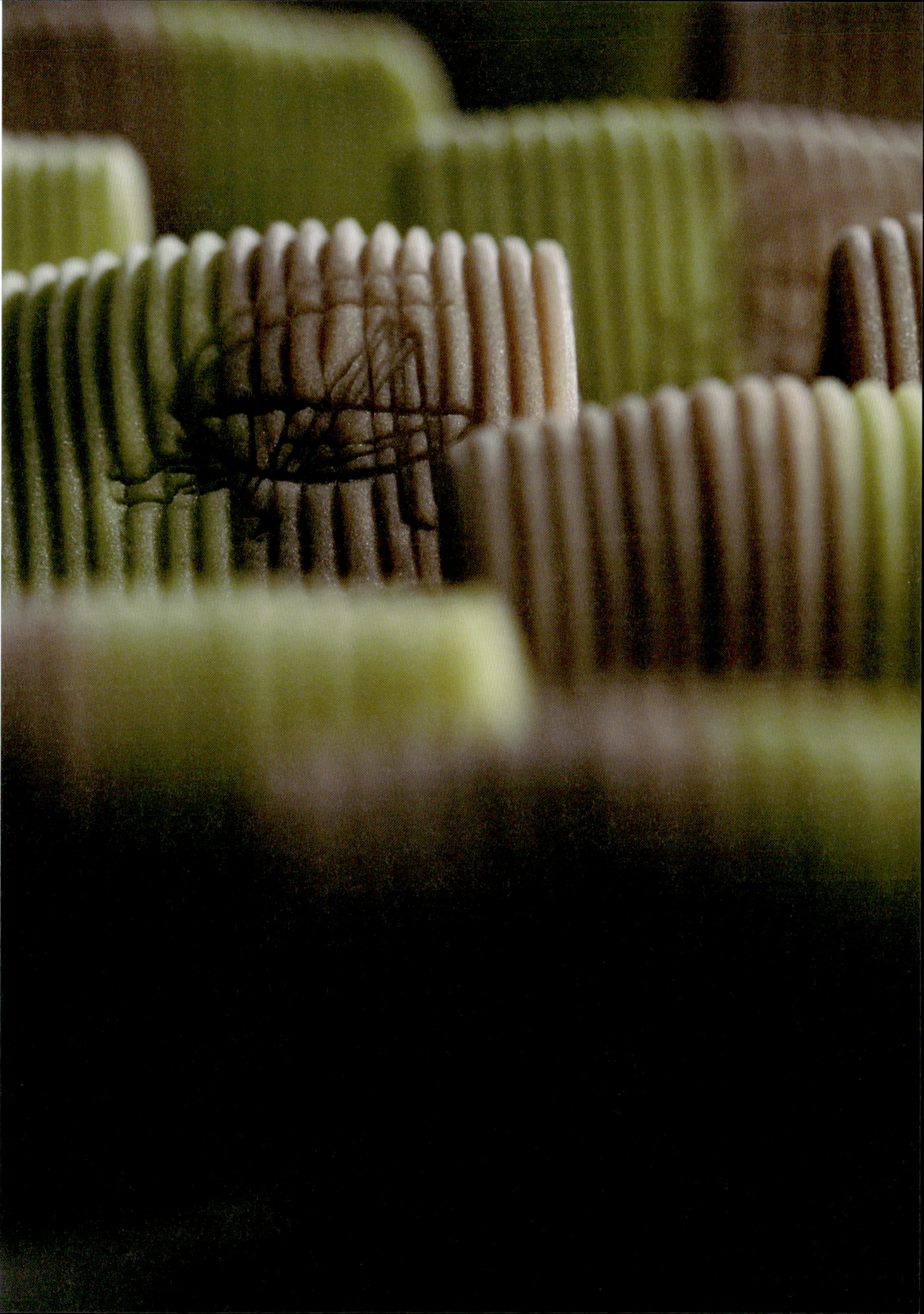

第 52 候

霜始降

しもはじめてふる

柿は色づきと共に収穫される。いくつかの柿は豊作を願う木守柿として残され、
残した柿に霜が降りると、秋の色と冬の色が混ざる風景が生まれる。
橙色と白のこなしを合わせて、柿らしい四角い形に漉し餡を巻く。
仕上げに削った氷餅を散らし、熟柿とそこに降りる霜の情景を作った。

First Frost Forms

When persimmons become tinged with color, they are picked. To ask for an abundant crop several are left hanging on the trees. These eventually become covered with frost. A landscape of the colors of autumn and those of winter becoming mixed together. Orange tinted *konashi* is layered on top of white *konashi*. A strip of this is wrapped around a ball of *koshi-an*. To complete the image, *kōri-mochi* is sprinkled on top. The image of a ripe persimmon covered with frost.

Premières gelées

Le kaki se récolte dès qu'il est suffisamment coloré. Quelques kakis sont laissés sur l'arbre afin d'assurer, dit-on, une bonne récolte l'année suivante. Les premières gelées surprennent ces kakis, donnant naissance à un tableau où se mêlent couleurs d'automne et d'hiver. *Konashi* orange et blanc superposés et façonnés en carré comme un kaki. Garniture de *koshi-an*. Des brisures de *kōri-mochi* ont été saupoudrées en finition. La pièce évoque le moment précis de la saison où la gelée recouvre les kakis mûrs.

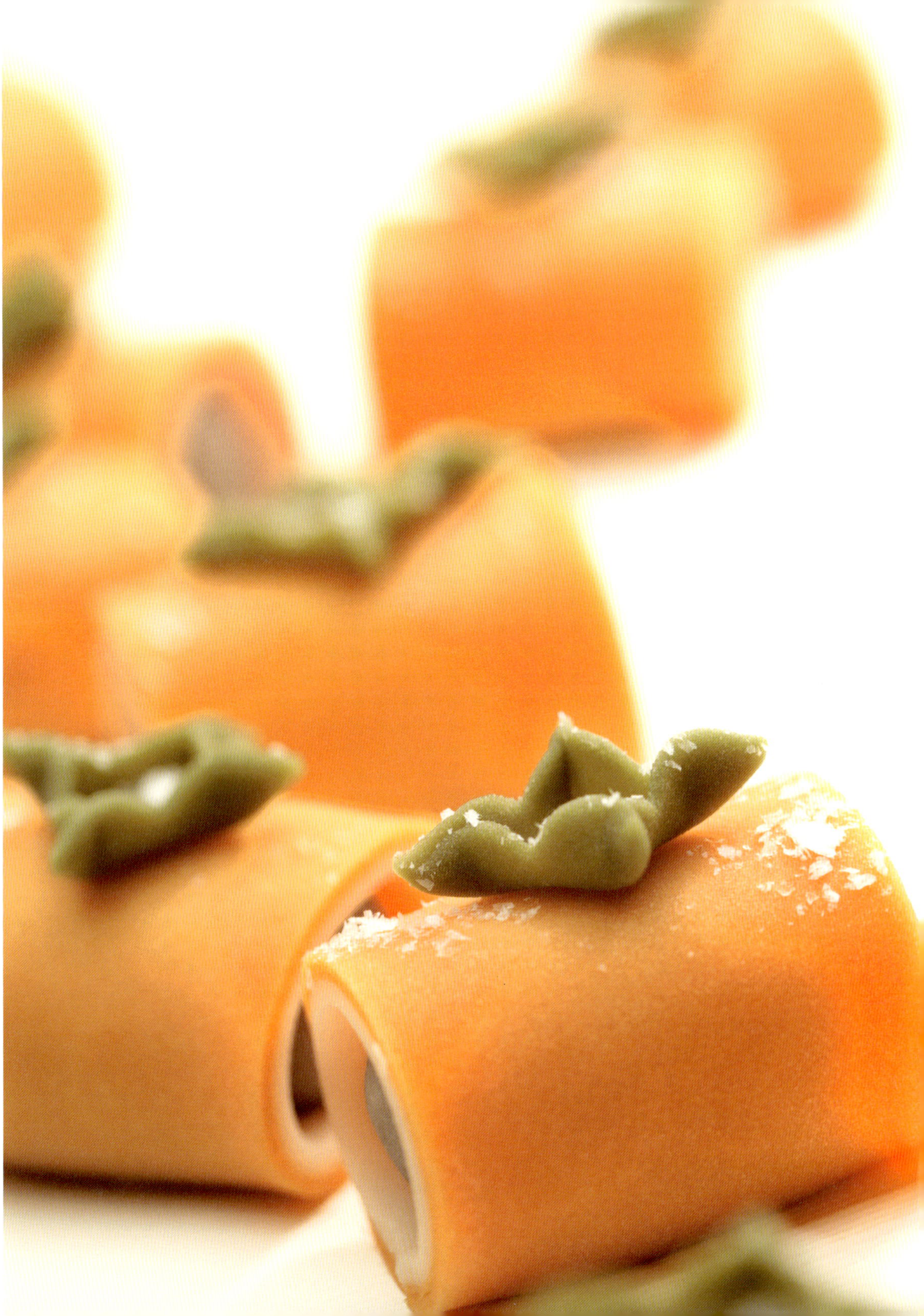

第 53 候

霎時施

こさめときどきふる

冬の直前に霧のように柔らかな雨が降る。雨は小さな水の流れを作り、
色付いた紅葉はゆっくりと流れていく。
黒砂糖の漉し餡を薄青の練りきりではさみ、練りきりの表面に小雨と道しるべを描いた。
雨に流れていく紅葉を上にのせ、秋が冬に移っていく寂しげな場面を仕立てた。

From time to time, drizzling rain

Like the arrival of frost, just before the advent of winter, a gentle rain falls. The rain forms small rivulets in which autumn tinged leaves gently float.
Brown sugar *koshi-an* is sandwiched between two thin sheets of blue tinted *nerikiri*. A pattern of rain streaks and a signpost (directing to the right) are impressed on the surface. An autumn leaf placed on top completes the image. As fall transitions into winter a rather forlorn, desolate feeling is created.

Bruine éparse

Juste avant l'hiver, une pluie aussi fine que le brouillard se met à tomber.
Au sol, la pluie donne naissance à un petit filet d'eau. Les feuilles d'érable aux teintes automnales s'y laissent doucement glisser.
Koshi-an au sucre noir pris entre deux abaisses de *nerikiri* bleu pâle. En surface, les faisceaux de la pluie et un panneau indicateur « tournez à droite ». Avec la feuille d'érable, emportée par la pluie, qui trône en son sommet, la composition dépeint cet instant un peu désolé où l'automne fait progressivement place à l'hiver.

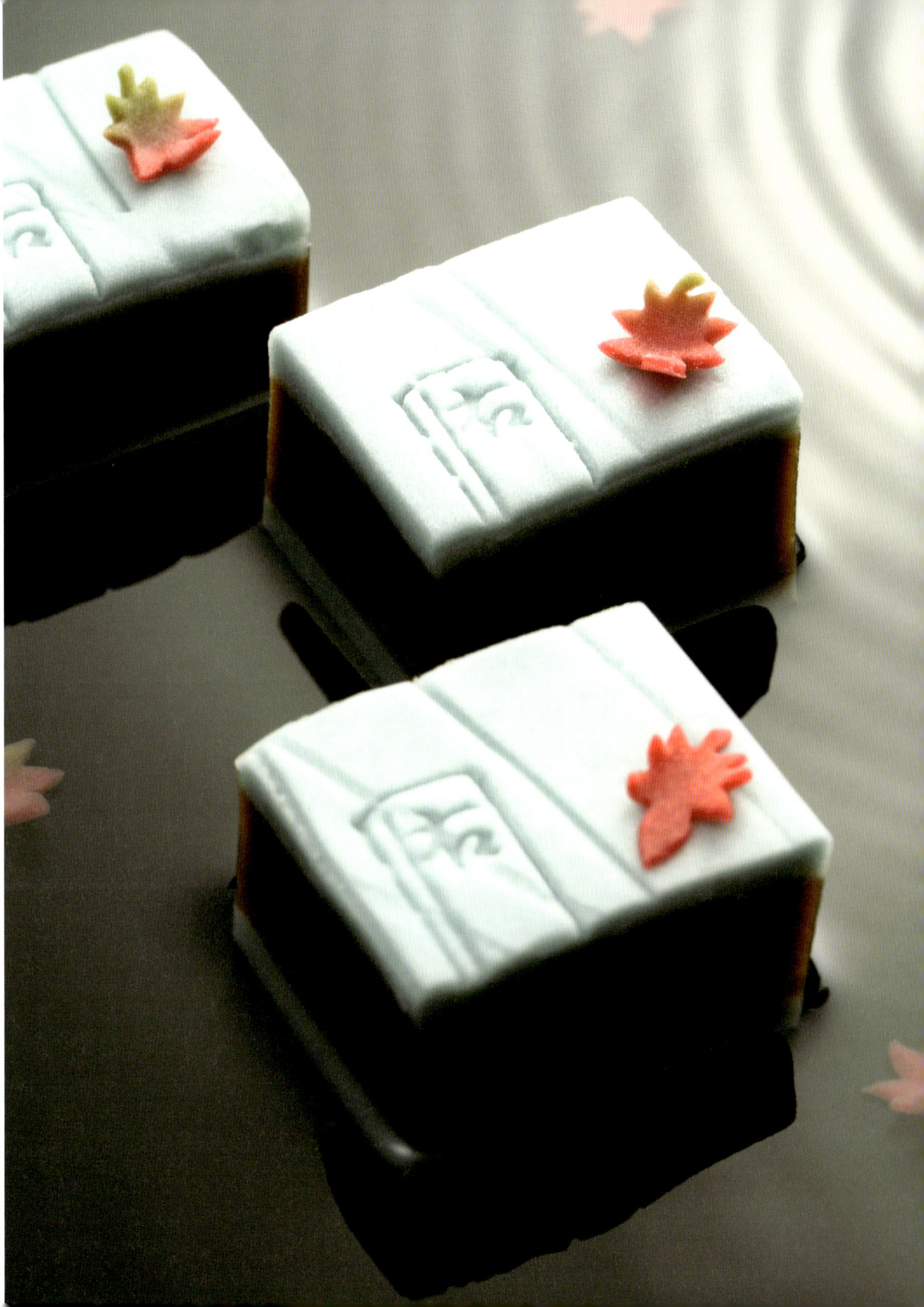

第 54 候

楓蔦黄

もみじつたきばむ

山中で、あらゆる植物が秋の訪れを告げるように染まる。モミジやツタは黄ばみ、やがて赤く染まる。人々はモミジ狩りに出かけ、秋色に染まった風景を愛でる。
秋色に染まった山を黄と紅のきんとんで作った。上から白いきんとんの霜を散らして、秋の山とそこに訪れる冬を表現した。

Maple and ivy tinged with yellow

As if to announce fall's arrival in the mountains, all plants have become dyed in autumn colors. The leaves of maples and ivy tinged with yellow slowly turn red. At this time everyone enjoys going leaf hunting and admiring the beautiful autumn colored scenery. The mountain dyed in autumn colors is made of yellow and red *kinton*. White *kinton* is scattered on top to suggest frost. It suggests that winter has already arrived in the autumn mountains.

L'éclat des feuilles d'érable et du lierre

Dans les montagnes, la végétation tout entière se pare de couleurs automnales. Les feuilles d'érable et les lierres ont jauni et seront bientôt rouges. Les Japonais vont admirer les feuilles d'érable et les couleurs de l'automne que revêt la nature.
Montagne à l'automne représentée par un *kinton* jaune et rouge soutenu. Quelques touches de *kinton* blanc - représentant la gelée - ont été ajoutées en finition, soulignant l'intrusion de l'hiver dans les montagnes en automne.

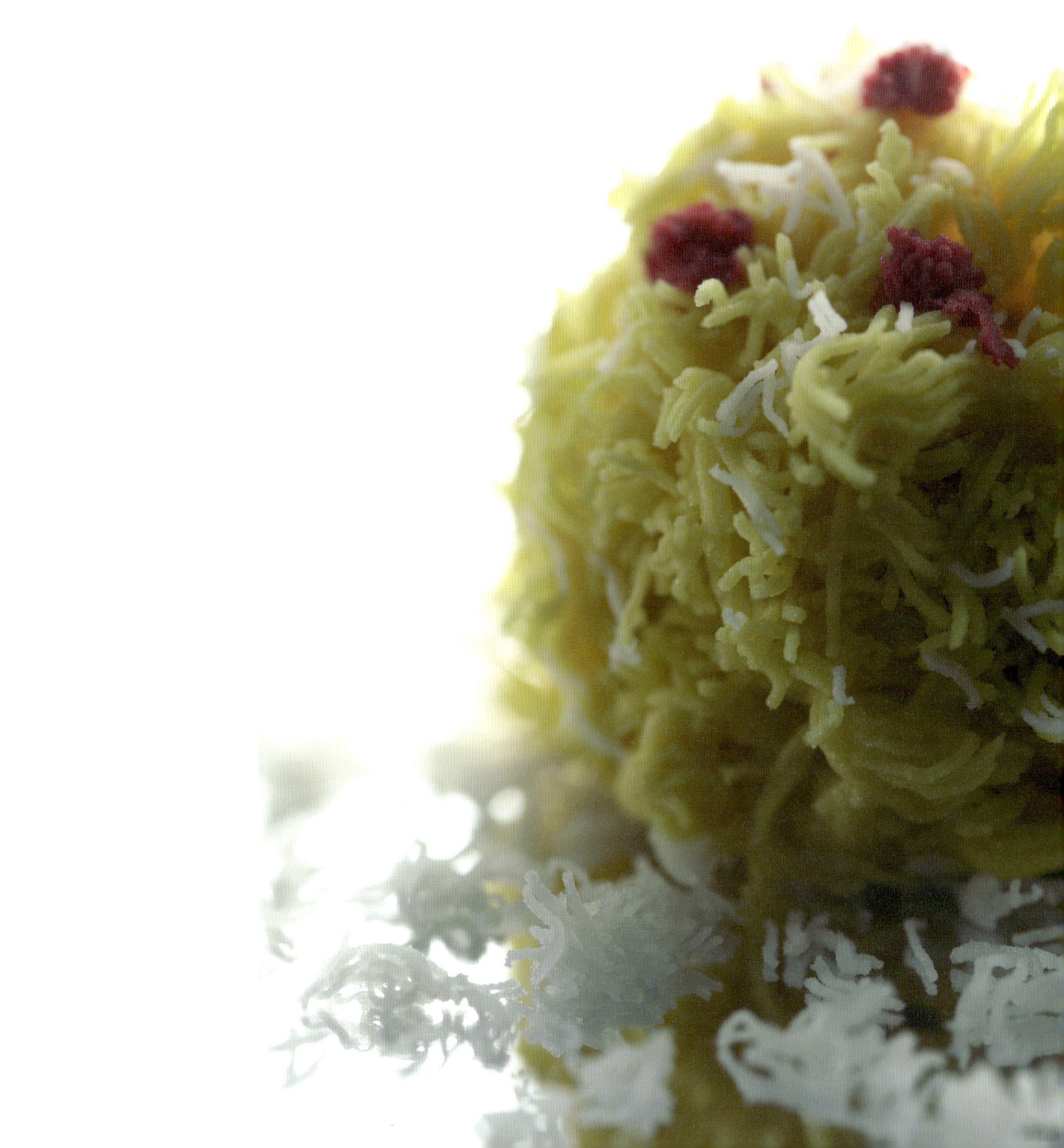

第 55 候

山茶始開

つばきはじめてひらく

冬の始まりの時期、紅葉も終わって山に色が少なくなる頃、ツバキは花を開く。
厳しい寒さの中に、赤や白の花と緑の葉が冬山に彩りを添える。
3色の羊羹を幾何学的に組み合わせ、上に特徴的な花しべをのせた。
艶やかな羊羹の質感と色で、薄暗い冬山に映えるツバキを表現した。

The camellia begins to open

As the autumn colors are fading at the beginning of winter, the camellia begins to bloom. In the harsh cold, red and white flowers along with their green leaves bring a new depth of color to the mountains.

Three different colors of *yōkan* are placed together geometrically. On top a distinctive stamen of the camellia is placed. The glossy surface of the *yōkan* and its colors create the feeling of dark gloomy winter mountains. In such a setting the camellia adds a brilliant touch.

Premier Camélia en fleur

Au début de l'hiver, quand les feuilles d'érable ont disparu et que les couleurs se font de plus en plus rares dans les montagnes, les camélias fleurissent. Alors que le froid devient piquant, le rouge et le blanc des fleurs ainsi que le vert de leurs feuilles redonnent quelques notes de couleur aux montagnes.

Yōkan tricolore de forme géométrique. Au sommet, le cœur caractéristique du camélia du Japon. Les seules couleurs du *yōkan* et son éclat suffisent à évoquer le camélia qui resplendit dans les montagnes sombres en hiver.

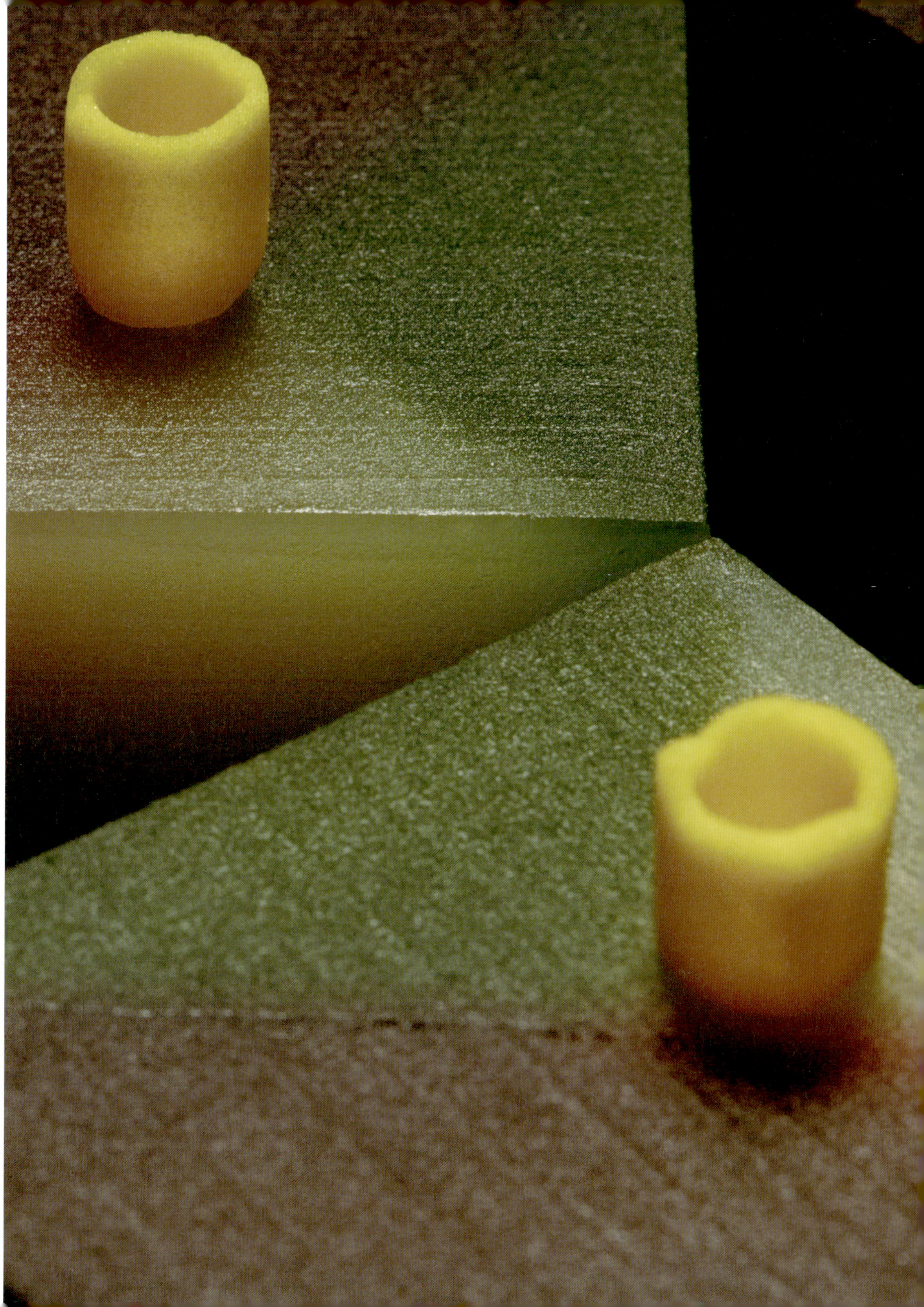

第 56 候

地始凍

ちはじめてこおる

寒さが厳しくなると共に、水は凍り、大地も固く凍る。全てが凍っていく中で、水の流れとその音も凍りついていく。
白い練りきりで白小倉羹をはさみ、その上に錦玉羹を円形に切って重ねた。
凍る世界を、色を全くつけず幾何学の組み合わせだけで作った。

The ground begins to freeze

As the severe cold intensifies, the surface of water is covered in sheet of ice and the ground gradually freezes solid. With everything totally frozen, even the flow of water and its sound become ice bound.
White *nerikiri* is sandwiched around a layer of *shiro ogura-kan*. Layers of *kingyoku-kan*, cut in consecutive sized circles, are placed on top. The frozen world, lacking in color is created solely through geometrically combined white elements.

Terre de glace

Le froid se faisant plus pénétrant, l'eau gèle et le sol devient lui aussi dur et froid. Au cours de ce gel progressif, la course et le chant de l'eau se figent.
Entre deux abaisses de *nerikiri* blanc, un *ogura-kan* de couleur blanche (*shiro ogura-kan*). En surface, des arcs de cercle de *kingyoku-kan*, découpés et superposés. Ce paysage de glace a été voulu sans couleur, conçu comme une simple juxtaposition de formes géométriques.

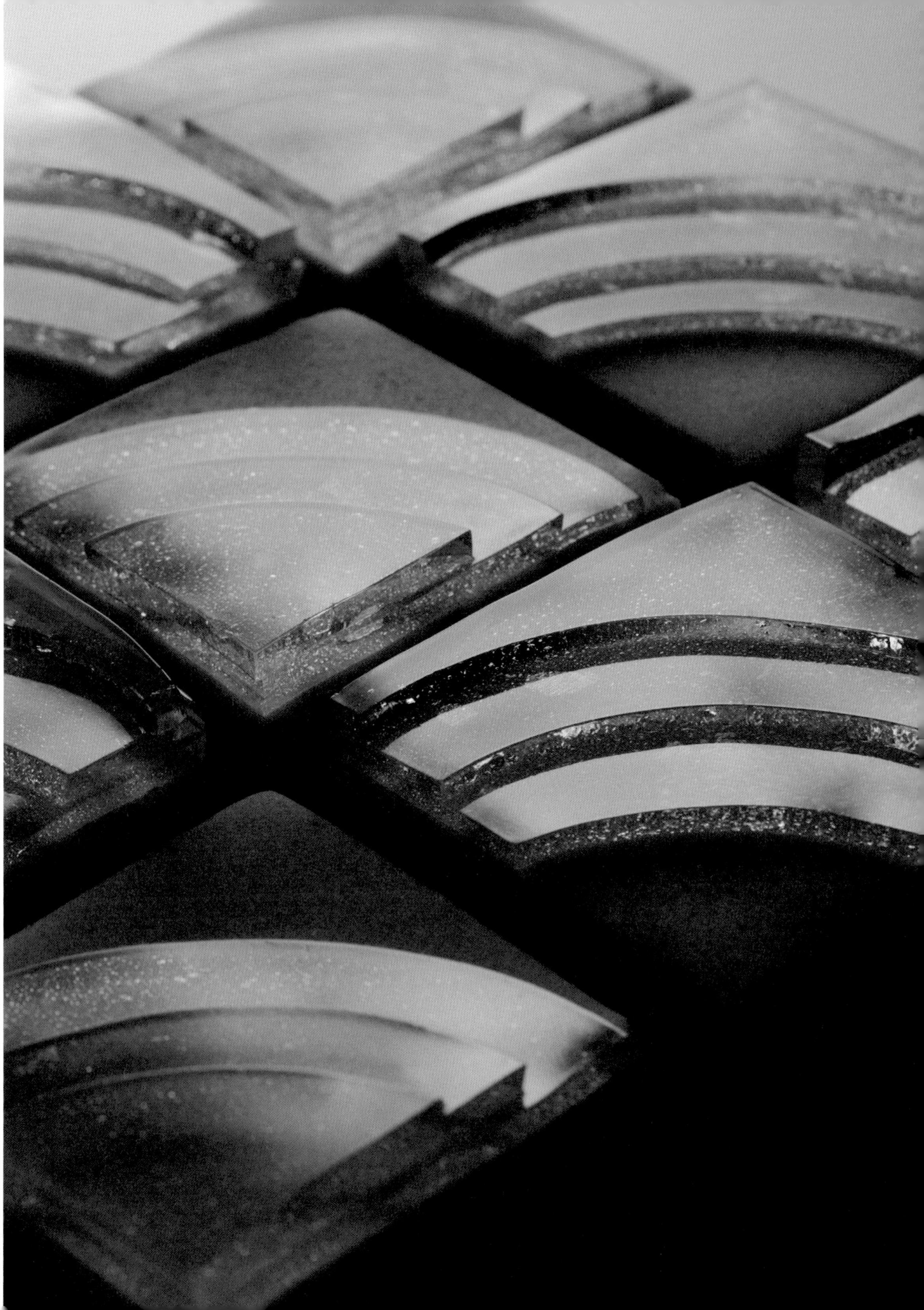

第 57 候

金盞香

きんせんかさく

水仙は冬の凍えるような水辺の下に咲く。寒さに耐える自身の姿を見つめるように、水面を覗きながら水仙は佇む。
緑に白が混ざるきんとんに、錦玉羹を散らし、冬の水辺に仕立てた。
こなしの水仙をあしらい寒さに耐えながらけなげに咲く姿を表した。

The golden cup's fragrance

The narcissus blooms in winter along the frozen water's edge. To endure the cold, it appears to be standing still. Only a hint of yellow of the flower is detected, as it peeks through the water's surface.
Green tinted *kinton* is mixed into white kinton. On top, *kingyoku-kan* is sprinkled creating the water's edge in winter. A yellow *konashi* narcissus blooms.

Jonquille en fleur

Les jonquilles fleurissent aux abords des points d'eau qui gèlent en hiver. Bravant le froid, elles restent immobiles, penchées au-dessus de l'eau afin de pouvoir contempler leur reflet dans l'eau.
Kinton vert et blanc agrémenté de paillettes de *kingyoku-kan* rappellent les berges en hiver. Une fleur de jonquille en *konashi* complète la scène : bravant le froid, elle fleurit vaillamment.

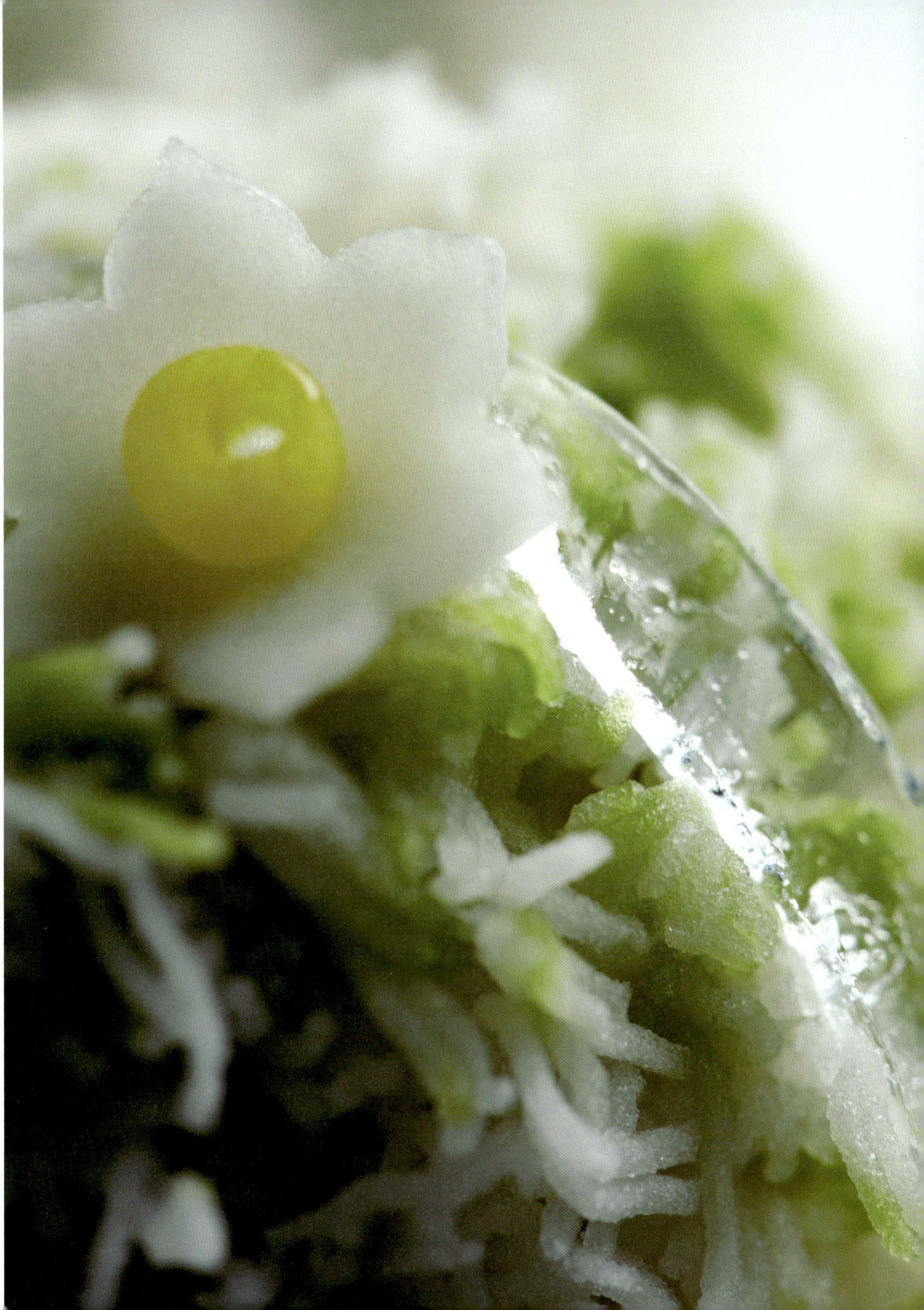

第 58 候

虹蔵不見

にじかくれてみえず

大気が冷たくなっていくと同時に、湿度が下がり空気は乾いていく。
雨が降った後に、空に見えていた虹も見えなくなっていく。
透明な錦玉羹だけで菓子を作ることで、"消えた"虹を視覚化した。
錦玉羹には柚子の果汁を仕込み、透明な菓子に香りだけが微かに香る。

The rainbow hides

When the air is freezing cold and the temperature drops, so does the humidity. Under these conditions after a rain, the rainbow one might expect to see has vanished.
Using only clear *kingyoku-kan*, an image of the cold winter's air with no rainbow. *Yuzu* has been added to the *kingyoku-kan*. In this clear sweet only a faint aroma is detected.

L'arc-en-ciel disparu

Aussitôt que le temps se refroidit, l'humidité dans l'air diminue et le temps s'assèche. Après la pluie, on ne voit plus les arcs-en-ciel que l'on pouvait observer jusqu'à présent.

Pièce entièrement transparente fabriquée à partir de *kingyoku-kan* qui propose une représentation de l'arc-en-ciel disparu. Du jus de *yuzu* (citron du Japon) a été incorporé dans la gelée qui reste transparente mais légèrement parfumée.

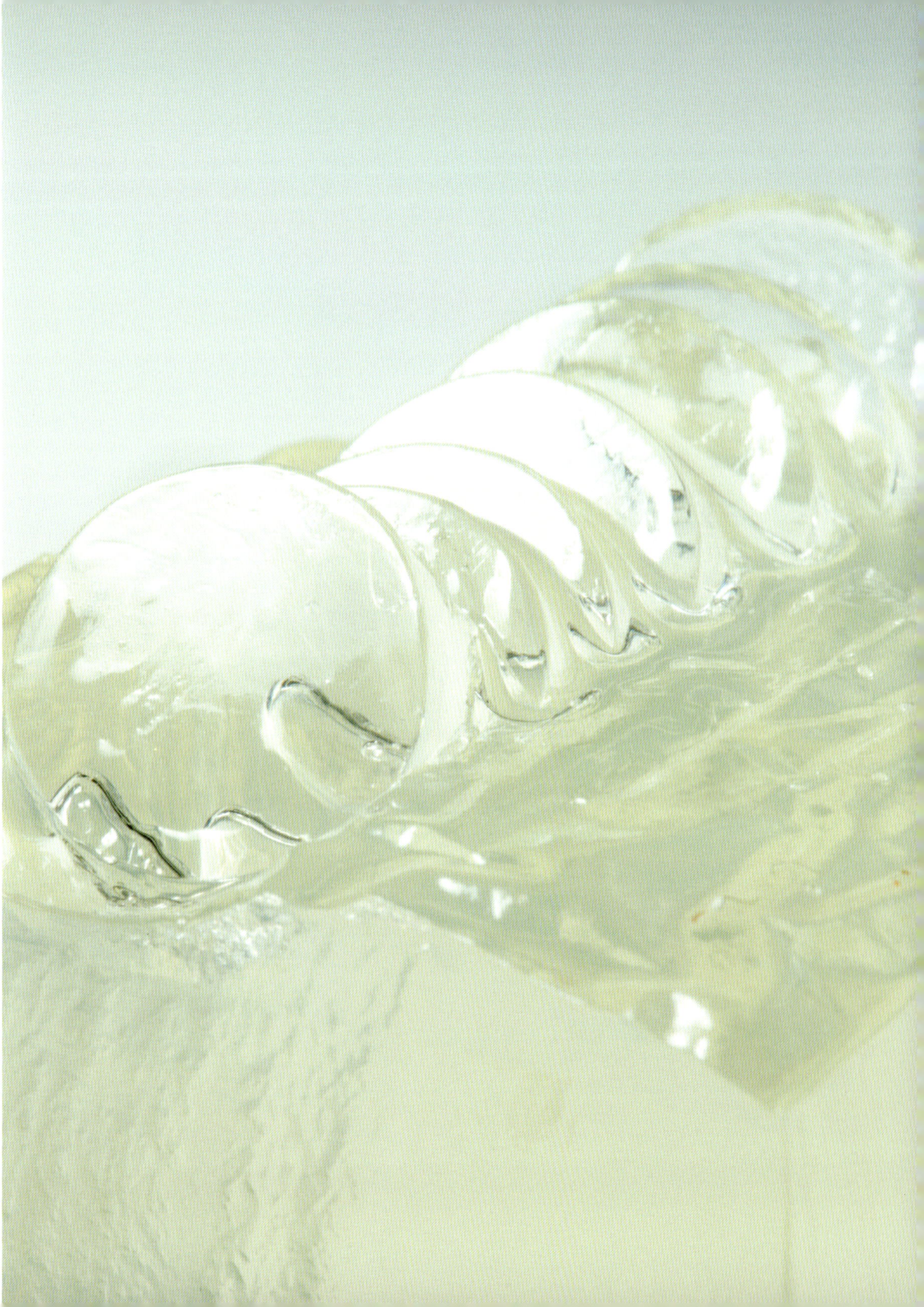

第 59 候

朔風払葉

きたかぜこのはをはらう

木枯らしは文字通り、木に残された葉を払っていく風を指す。
身を削るような木枯らしが吹き抜け、木の葉は冬の空を飛んでいく。
蕎麦薯蕷の生地を四角くのばし、粒餡を巻いた。
こなしで作った一葉をのせ、流れる風にさらわれる木の葉を表現した。

The north wind picks up leaves

The wintery wind picks up the remaining dead leaves that cling to the barren branches. The bone chilling north wind carries them skyward.

Tsubu-an is rolled up in a large square of *soba-jōyo-manjū* skin. A *konashi* leaf is placed on top. The blowing wind has broken off a leaf and carried it away.

Vent du nord emportant les dernières feuilles

Comme son nom japonais l'indique, le vent du nord est celui « qui emporte les dernières feuilles qui restent sur les arbres ». Après le passage de ce vent glacial, les feuilles des arbres volent dans le ciel.

Abaisse carrée de *jōyo-manjū* à la farine de sarrasin, garnie de *tsubu-an*. La feuille en *konashi* rappelle les dernières feuilles arrachées par ce vent puissant.

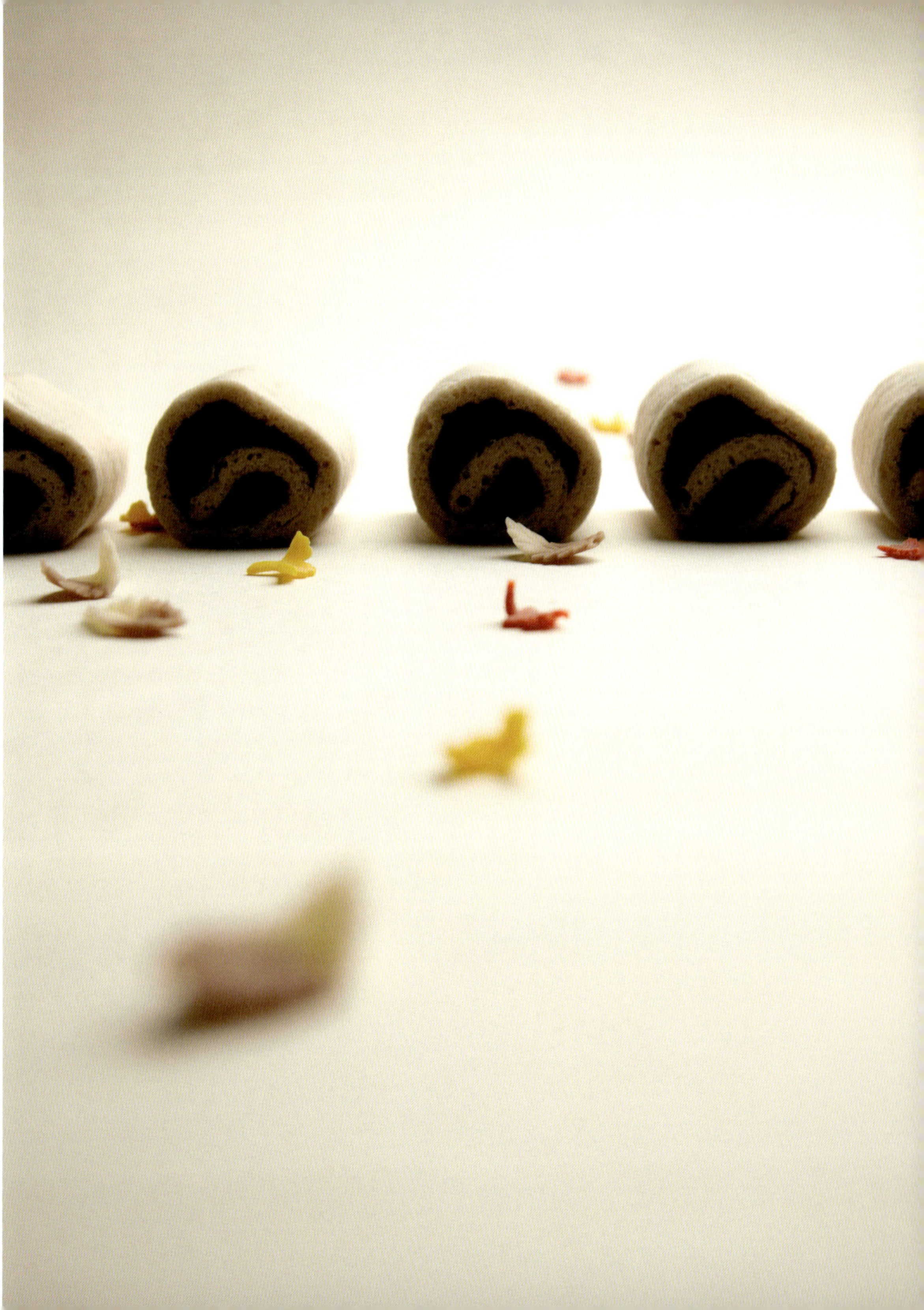

第 60 候

橘始黄

たちばなはじめてきばむ

黄色く染まる橘の実は菓子の始まりといわれ、菓子を祀る菓祖神社にゆかりが深い。古代に不老長寿の薬を探索した田道間守が橘を持ち帰ったことから、人々は永遠の命を願ってこの果実を口にし、古くから多くの菓子屋の紋や名前に使われた。
寒天にミカンの絞り汁を加えて固め、丸や四角に切り抜いた。最後にこなしで作った橘のヘタをのせた。

The *tachibana* begins to turn yellow

It is said that the yellow colored mandarin orange (*tachibana*) was the first sweet. There are shrines in which the deity of *wagashi* is enshrined and celebrated as its ancestor. In ancient times, when Tajimamori was sent to seek out the elixir of longevity, he came across the *tachibana* which he brought back to Japan. It was believed that by eating this fruit, one could achieve eternal life. Because of this, some *wagashi* shops have used the *tachibana* image or name.
Mandarin orange juice is added to *kingyoku-kan*. The resulting firm sweet is cut into either a square or round shape. As a final touch, a *konashi* calyx of the fruit is placed on top.

Les mandarines mûrissent

Les mandarines *tachibana*, qui arborent une belle couleur jaune, seraient les premiers desserts de l'histoire du Japon. Un dieu des gâteaux est célébré dans le sanctuaire *Kaso-jinja*. Parti à la recherche de l'élixir d'immortalité, Tajimamori rapporta cette mandarine au Japon dans l'Antiquité. Ce fruit fut dès lors consommé par les Japonais dans l'espoir d'accéder à la vie éternelle mais il fit également peu à peu son apparition dans les armoiries et les enseignes des artisans pâtissiers.
Kingyoku-kan parfumé au jus de mandarine et détaillé en un cylindre aux angles bien nets. Le pédoncule a été confectionné en *konashi*.

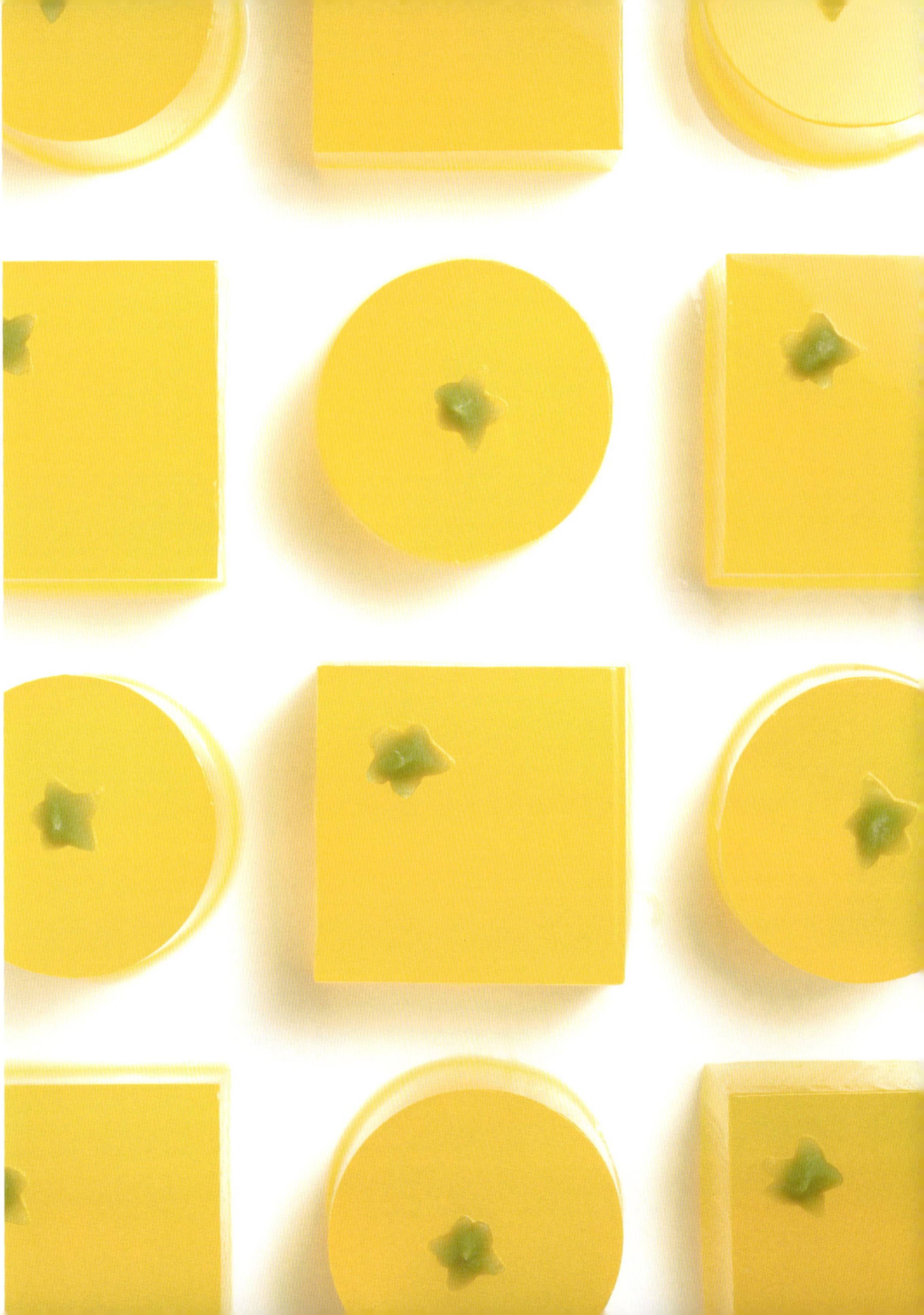

第 61 候

閉塞成冬

そらさむくふゆとなる

空は薄暗く曇り、遠方に見える山は白く雪を冠る。
冬がより深まれば、雪は山と同じように里にも降るようになる。
白い練りきりとこなしを合わせ、粒餡を山のような凸型に巻いた。
小口切りに切れば、雪をその頂にのせた冬山の姿となる。

Cold winter sky

The sky becomes gloomy and cloudy, and from afar one can see the mountains crowned in white. Winter deepens, and as in the mountains, the country side too becomes covered in snow.
White *nerikiri* and *konashi* are placed together, wrapped around a ball of *tsubu-an*, and formed into a mountain-like shape. When cut into small sized pieces, the sweet takes on the appearance of a mountain covered in snow.

L'hiver arrive

Le ciel se couvre et au loin les sommets des montagnes sont recouverts de neige. Une fois l'hiver plus avancé, la neige tombe dans les villages comme dans les montagnes. *Nerikiri* blanc mêlé à une pâte *konashi* garnie de *tsubu-an* et façonné en forme de montagne. Coupée en fines tranches, la forme de la montagne en hiver se dévoile, avec de la neige en son sommet.

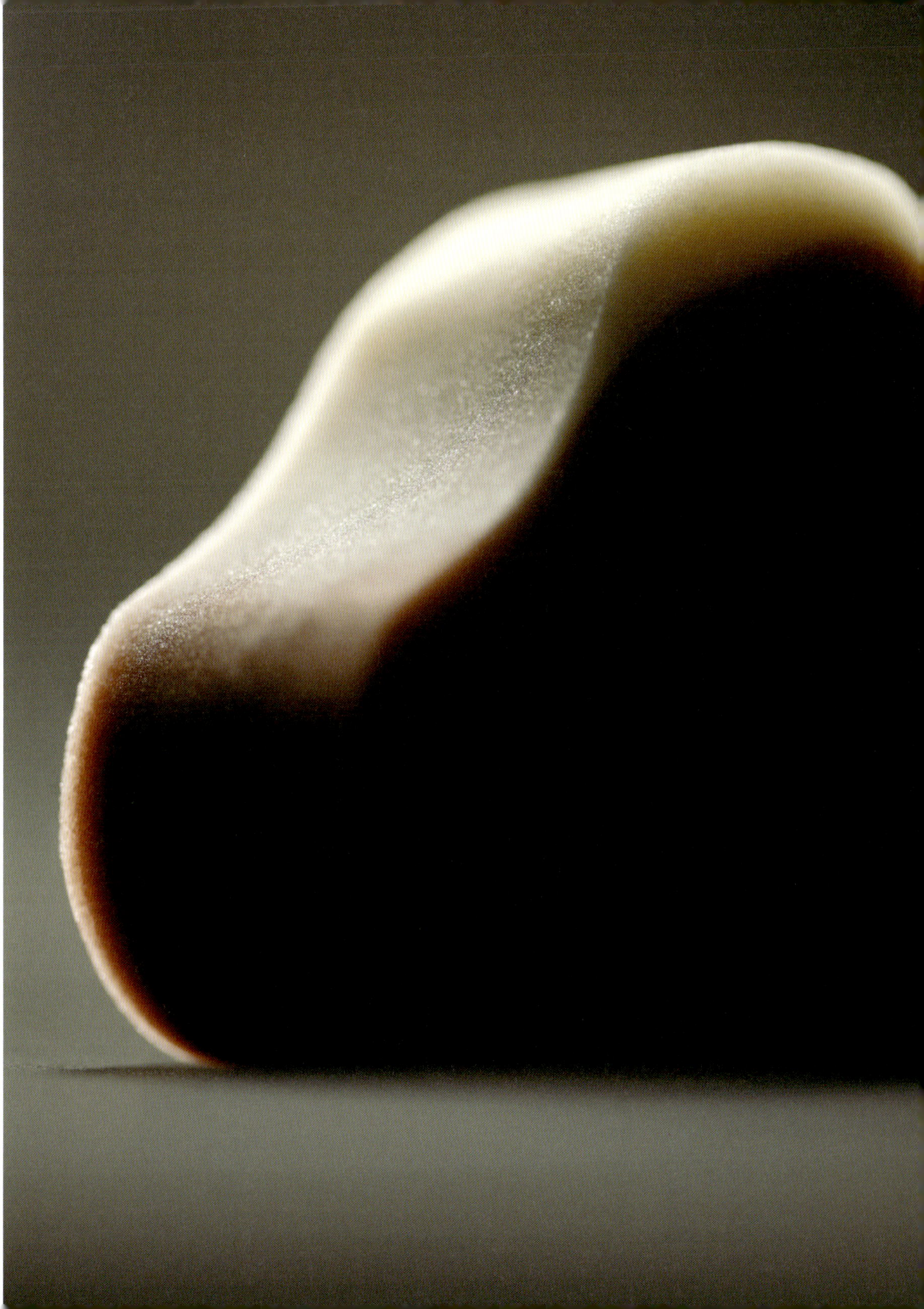

第 62 候

熊蟄穴

くまあなにこもる

熊は冬眠前に一冬分の栄養を蓄えて、長い眠りに入る。
山から食物となる植物は消え失せ、いよいよ冬枯れの山となる。
熊も眠りに入る冬枯れの山の色を表現した。黄に染めた白餡のきんとんと、
漉し餡のきんとんを合わせ、熊の眠る冬山に仕立てた。

The bear hibernates in its den

Just before hibernation, the bear stores up a winter's worth of nutrition for his long winter's sleep. The plants on which he sustains himself are disappearing, and increasingly, the winter mountains become void of sustenance.
In this sweet, the color is one of desolate winter mountains. Two colors of *kinton* to create the winter mountains in which the bear is hibernating.

Le sommeil de l'ours

L'ours fait ses provisions pour l'hiver avant de s'endormir. Source d'alimentation dans les montagnes, la végétation commence à se faire rare, faisant place à un paysage désolé. La pièce ci-contre représente les couleurs de la montagne au moment où l'ours commence son hibernation. Duo de *kinton* - *kinton* jaune et couleur *azuki*.

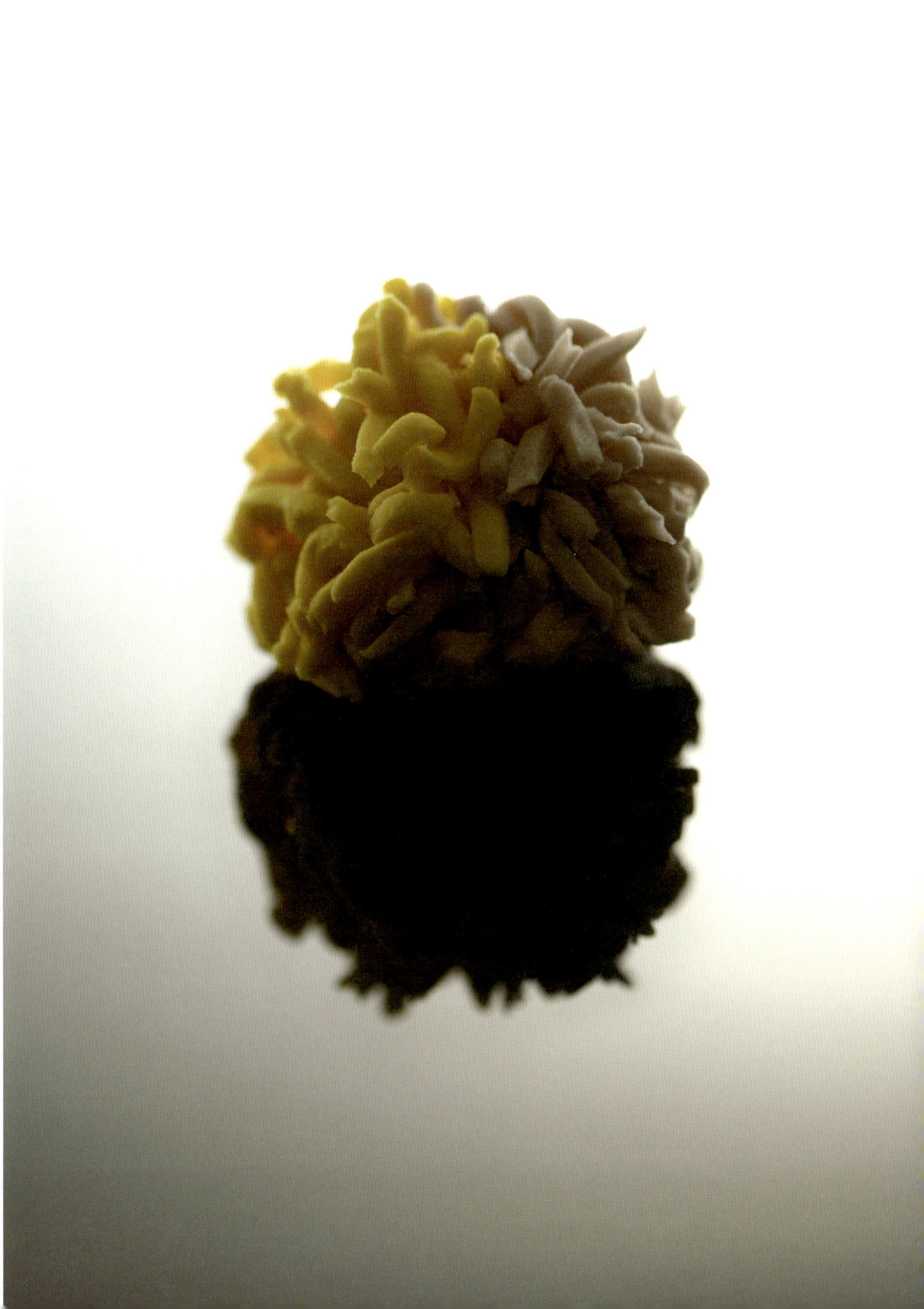

第 63 候

鰰魚群

さけのうおむらがる

凍る寸前の川を、産卵のために鮭は流れに逆らって泳ぐ。
沢山の鮭が途中で息絶える中、ひたすらに川上を目指して泳いでいく。
錦玉羹にいぐさを仕込み、引き抜いてできた空気の線を鮭の航跡に見立てた。
鮭が上っていく川の石を、漉し餡や胡麻を加えた白餡を寒天で固めた餡玉で表現した。

Teeming with salmon

Just before the river freezes, the salmon swims up river to spawn. In the process, many salmon, dying from exhaustion, never get to complete their mission.
Fine rushes are inserted into clear *kingyoku-kan*. When they are pulled out, the empty spaces mimic the wake of the swimming fish. The little pebbles found on the bottom of this clear "river" are made with *koshi-an* and *shiro-an* mixed with sesame seeds. *Kanten* has been added to both types of an to make the "pebbles" solid.

Banc de saumons

Juste avant que la rivière ne gèle, les saumons remontent le courant pour pondre leurs oeufs. Même si nombre d'entre eux périssent en cours de chemin, aucun ne s'arrête et tous poursuivent leur route vers le cours supérieur de la rivière.
Les lignes évidées dans le *kingyoku-kan* - obtenues avec des brins de paille de jonc introduits avant et retirés après la prise de la gelée - rappellent les ondulations de l'eau après le passage des saumons. Pris dans une gelée de *kanten*, les galets au fond de la rivière, que parcourent les saumons, ont été confectionnés avec des billes de *koshi-an* et de *shiro-an* arômatisé au sésame.

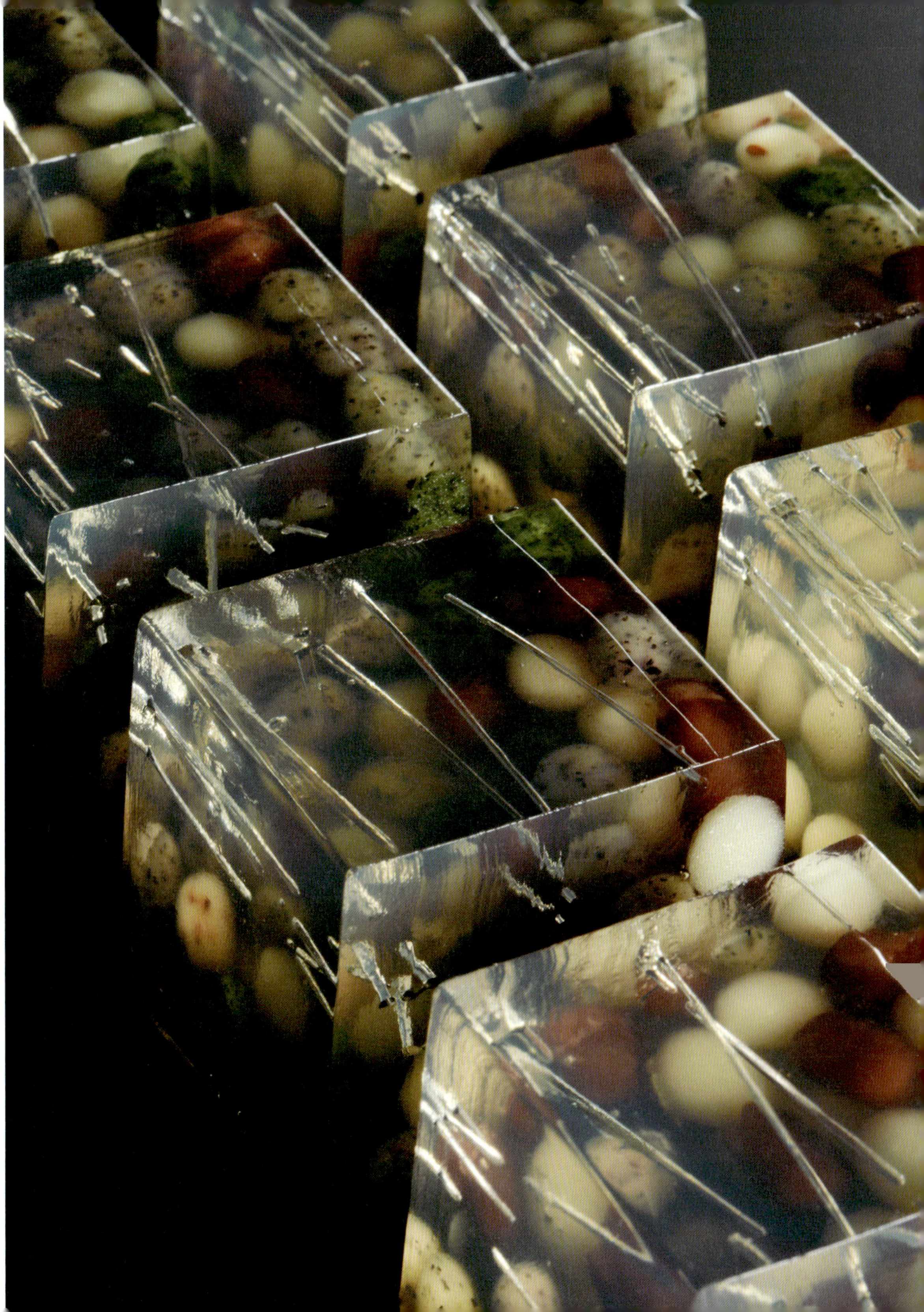

第64候

乃東生

なつかれくさしょうず

多くの植物が枯れる中、夏枯れ草は新芽をつける。
徐々に寂しくなる風景の中に、これから育つ新しい命が点在する。
荒い目のきんとんで表現した枯れた植物に、細かい目のきんとんで作った新芽を添えた。
2種類のきんとんを合わせることで枯れる命と生まれる命を対比させた。

New life among the dried summer grasses

Among the many plants which have withered, the dried summer grasses produce new young shoots. Slowly and quietly this lonely environment becomes dotted with new life. Coarse *kinton* is used to reflect the dried vegetation. On top of this, fine strands of *kinton*, indicating the new young shoots, are placed. With merely the combination of two types of *kinton*, the contrast of withered grasses and new shoots is created.

Éclosion de la brunelle

Alors que presque toute la végétation fane en hiver, la brunelle sort ses premiers bourgeons. Tandis que les paysages se font de plus en plus désolés, de nouvelles vies naissent çà et là. Au sommet d'un *kinton* au grain épais symbolisant la végétation qui s'éteint, un *kinton* très fin représente les jeunes pousses. En superposant ces deux *kinton*, on oppose deux vies : celle qui s'efface à celle qui naît.

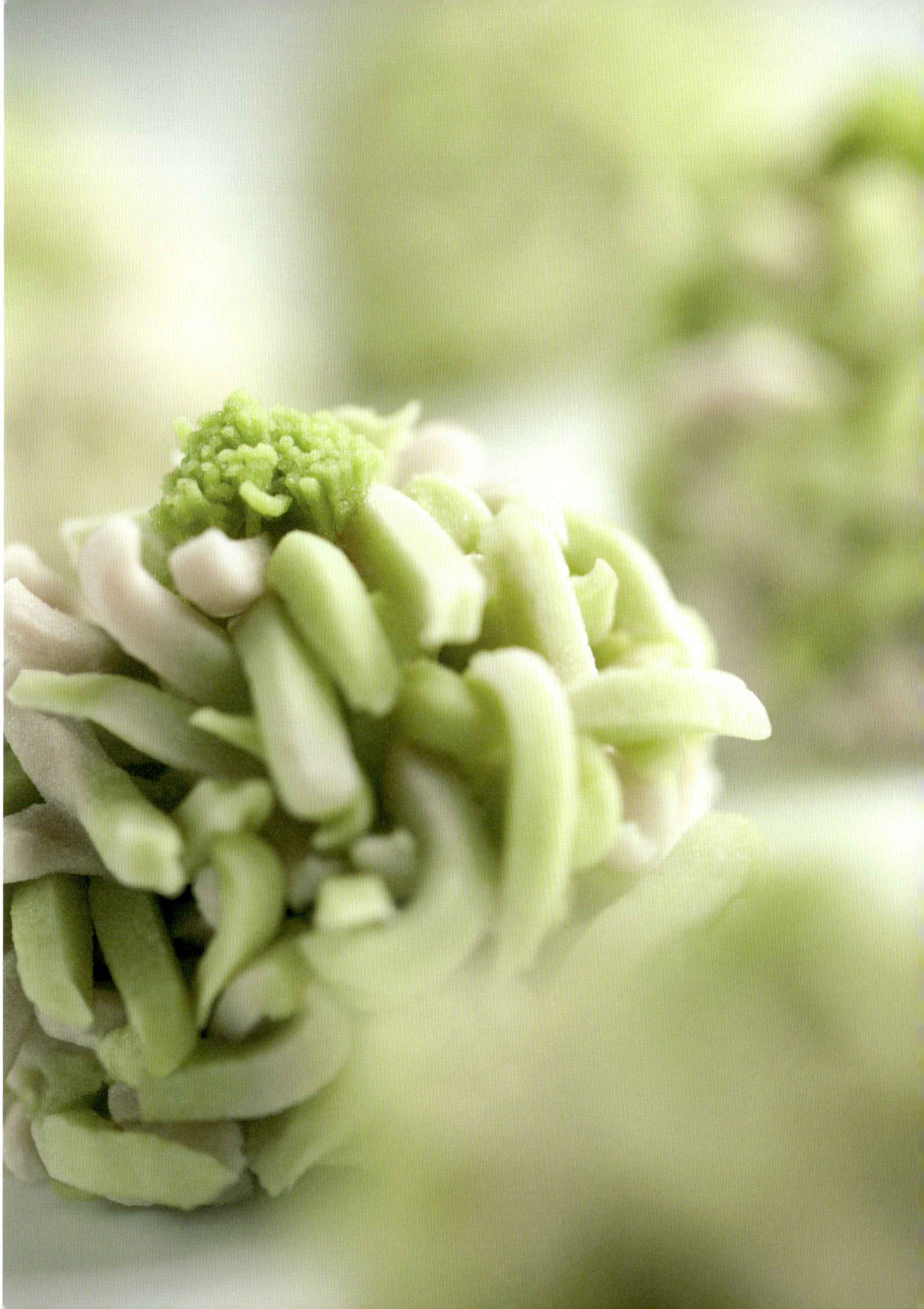

第 65 候

麋角解

さわしかのつのおる

山野に生息する鹿は力強い角を持っている。
寒々しい山の中で、時折生え替わった角が落ちているのを見つけることができる。
鹿を背中から見るようにころんとした形に仕立てた薯蕷饅頭をコテで焼き、
鹿の毛皮のような文様をつけた。

Finding reindeer horns

Deer with very large racks of antlers live in mountain meadows. Sometimes in the cold mountains, one may come across the antlers that these deer have shed.
This *jōyo-manjū*, with its colon like shape and deer skin like singed spots, creates the impression that one is looking at a deer from behind.

Les bois des cerfs

Les cerfs qui vivent dans la nature sont dotés de bois robustes. Dans les montagnes froides, il arrive parfois de trouver des bois de cerf à même le sol au moment de la repousse.
Jōyo-manjū de forme oblongue telle la silhouette allongée du dos du cerf. Un chalumeau a été passé en surface pour imiter le pelage du cerf.

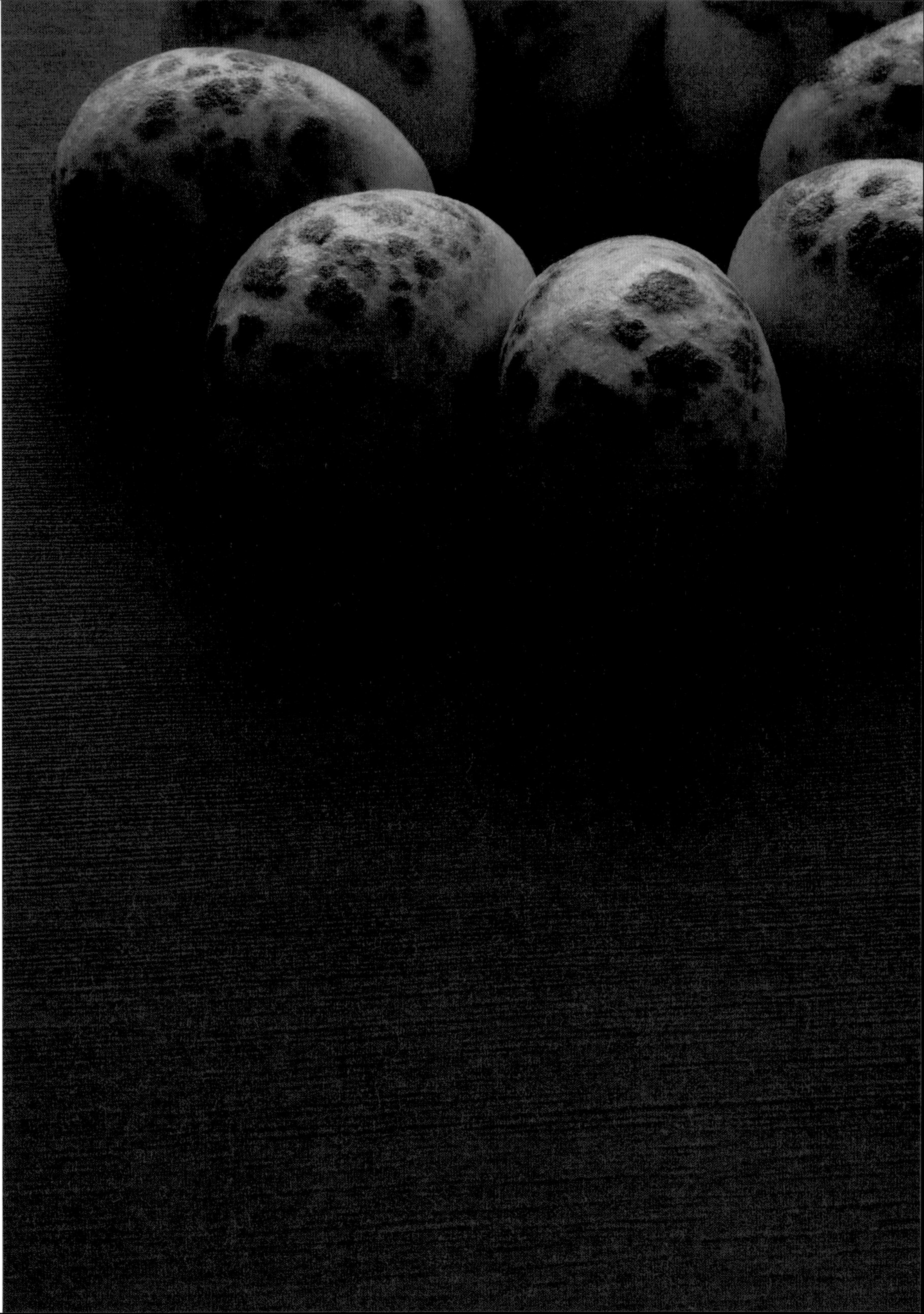

第 66 候

雪下出麦

ゆきわたりてむぎのびる

秋に播いた麦の種は雪の下で育ち、やがて芽を覗かせる。
厳しい寒さの中、麦の芽は踏まれながら強くなっていく。
軽羹に、固まる直前の上がり羊羹を流し込み、軽羹の雪と上がり羊羹の大地を合わせた。
雪に顔を出す麦の芽はうぐいす豆で表現した。

Beneath the snow, wheat grows

In the fall, seeds of sown wheat starts to grow, and the fresh young shoots begin to peak out from beneath their snowy blanket. Within this harsh cold, the shoots, struggling under this hardship, become even stronger.
Once the white *karukan* has been steamed, *agari-yōkan* is poured on top to solidify.
Green peas (*uguisu mame*) which have been scattered across the *karukan* before steaming create an image of heads of young shoots of grain emerging from the snow.

Pousses de blé dans la neige

Le blé que l'on a planté à l'automne grandit sous la neige, laissant bientôt entrevoir des bourgeons. Pendant les rigueurs de l'hiver, les pousses s'engaillardissent sous les piétinements des promeneurs.
Composée d'un *karukan* sur un *agari-yôkan* - ce dernier ayant été coulé sur le premier juste avant qu'il ne fige -, la pièce représente la neige et la terre. Des petits pois confits (*uguisu mame*) symbolisent les bourgeons de blé émergeant de la neige.

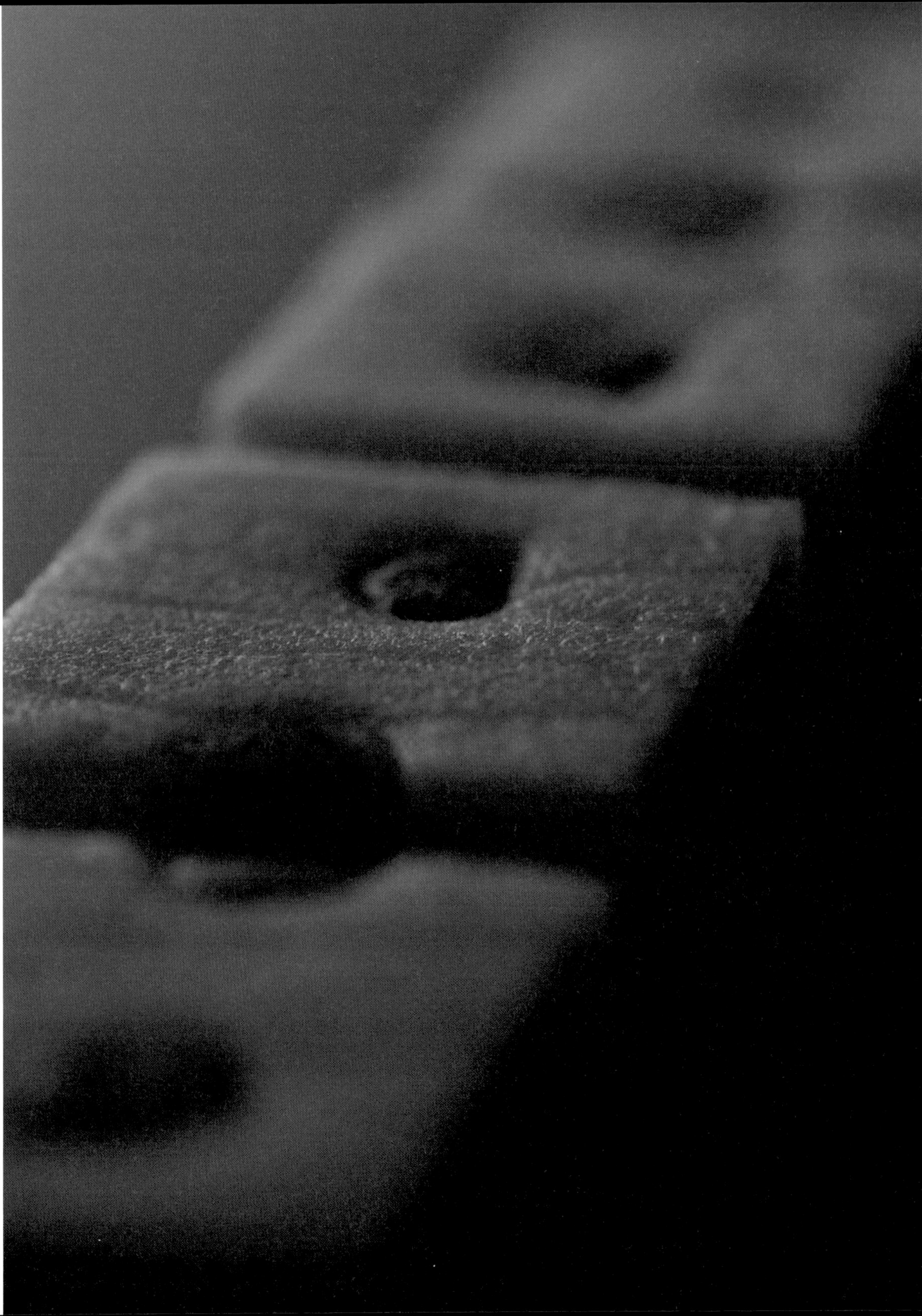

第 67 候

芹乃栄

せりすなわちさかう

凍りつく沢に、芹が寒さに耐えるように寄り添って生える。
芹は寒さの中で力強く葉をのばし、独特の強い芳香を放つ。
雪が降り凍りつく沢を白と青の2色の細かい目のきんとんで仕立てた。
緑の荒いきんとんを添え、大振りな芹がまとまって生えている情景を作った。

Dropwort flourishes

In the frozen swamps, the dropwort or *seri*, Japanese parsley, endures the cold. The plants nestle close together to grow. This type of parsley, with its robust leaves, emits a unique strong fragrance.
The image of frozen snowy swamps is made with fine strands of white and blue *kinton*. On top are coarse strands of green *kinton* suggesting large parsley plants clumped together as they grow.

Pousses de persil

Près des cours d'eau qui gèlent en hiver, le persil japonais (*seri*) pousse en banc comme s'il tentait ainsi de mieux résister au froid. De vigoureuses feuilles s'épanouissent pendant l'hiver, laissant échapper un parfum caractéristique et puissant.
La rivière, prise sous une épaisse couche de glace, est représentée par un *kinton* blanc et bleu au grain fin. Un *kinton* vert plus épais rappelle le persil qui pousse en banc.

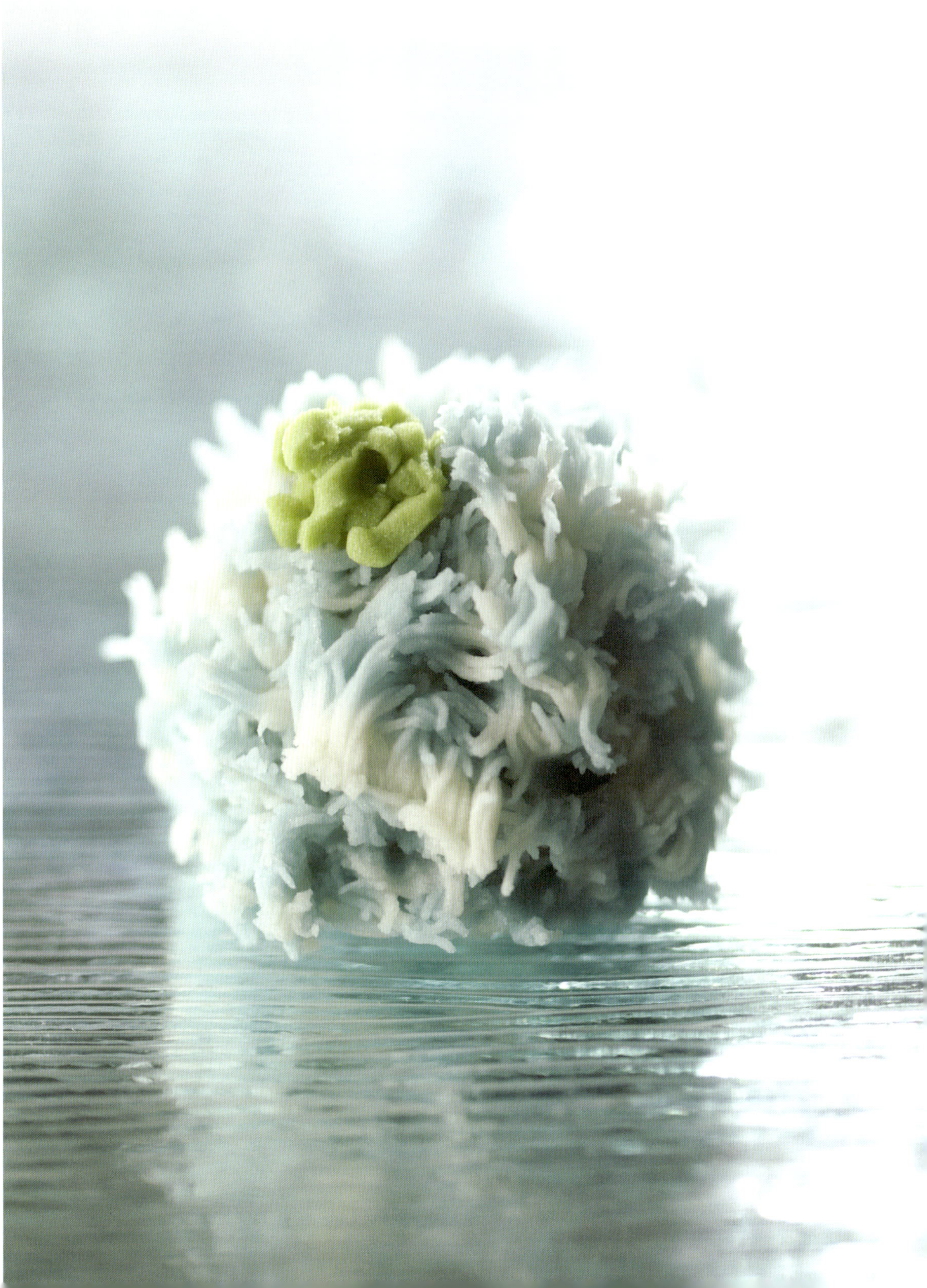

第 68 候

水泉動

しみずあたたかをふくむ

真冬の水面は寒さに凍てつき、生き物の姿は見られない。
しかし、それとは対照的に水中では魚が生きるに足る暖かさを保っている。
水の型に流した葛に大納言を一粒入れ、水中で動き、輪郭を現す魚に見立てた。
氷餅と、冬の植物である柊の葉を添え、冬の情景を作った。

Warmth within the clear, fresh water

In the dead of winter, the surface of the water freezes. Any indication of living creatures beneath the surface cannot be detected. Surprisingly, however, the fish, retaining sufficient warmth, are still alive.

Kuzu kiji (mixture) is poured into a mold with a whirlpool pattern. One large *dainagon azuki* is added, suggesting the shape of a fish the water. *Kōri-mochi* is shaved and sprinkled on top. A holly leaf and its berry on the water's surface are the final touch for this winter scene.

Une source de chaleur

En plein hiver, la surface des étangs et des rivières gèle et est désertée. Contrastant avec l'extérieur, au fond de l'eau la température reste suffisamment élevée pour permettre aux poissons de survivre.

Graine de *dainagon azuki* pris dans une gelée de *kuzu* coulée dans un moule. La graine représente la silhouette du poisson qui nage dans l'eau. Des brisures de *kōri-mochi*, une feuille et une baie de houx - plante de l'hiver par excellence - complètent ce paysage hivernal.

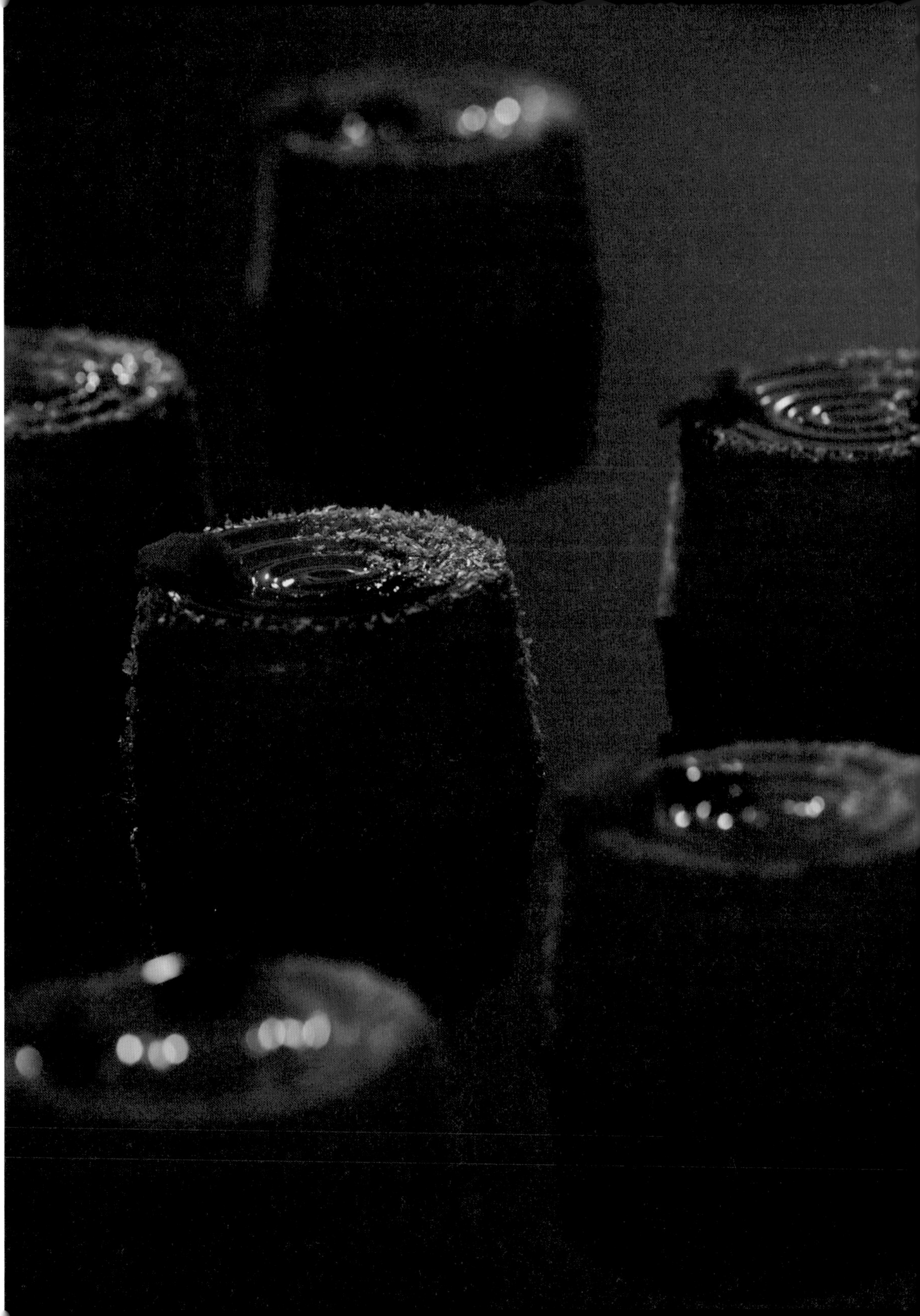

第 69 候

雉始雊

きじはじめてなく

白一面の雪景色の中、雄の雉が求愛のために甲高く一声鳴いて降り立つ。
そのとたん、白一色の雪景色に鮮やかな彩りが加わる。
薯蕷饅頭の生地で漉し餡を挟み、雄雉に見立てた5色のこなしをのせた。
雉という彩りによって、雪に色が加わる情景に見立てた。

First cries of the pheasant

On a snow white surface, a flash of brilliant color is seen as a male pheasant with his stunning plumage raises his voice in a shrill courtship call.
A ball of *koshi-an* is sandwiched between two rounds of steamed snowy white *jōyo-manjū* skin. Five colors of *konashi*, combined to suggest the plumage of a male pheasant, are placed on top, completing this snowy scene.

Le premier cri du faisan

Dans les paysages entièrement recouverts de neige, à la saison des amours, le faisan mâle descend jusqu'au sous-bois en poussant son cri perçant, projetant soudain ses couleurs vives sur le blanc manteau.
Deux fonds de *jōyo-manjū* fourrés au *koshi-an* et ornés d'un décor aux cinq couleurs en *konashi* qui représentent les plumes du faisan mâle. Pièce qui illustre la touche colorée qu'apporte le faisan au paysage de neige.

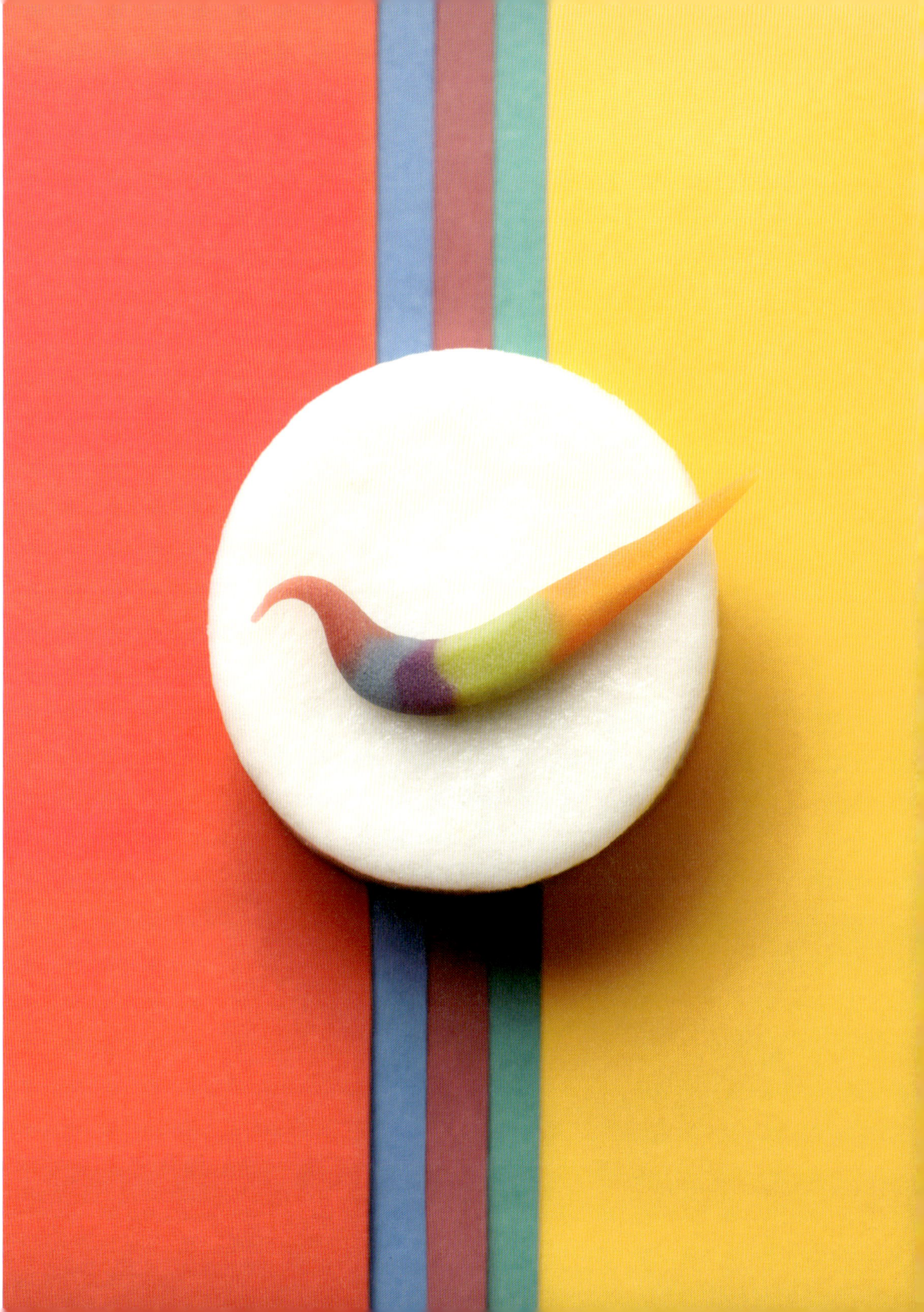

第 70 候

款冬華

ふきのはなさく

まだ他の植物が雪の寒さに耐える中、蕗の薹は顔を出す。
人々はまだしばらくかかる春の訪れを、摘んだ蕗の薹の香りで感じる。
練りきりを茶巾で絞り蕗の薹に見立てた。刻んだ蕗の薹を混ぜた練りきりを中央にあしらい、まだ見ぬ早春を香りで楽しむ菓子を作った。

The butterbur (*fuki*) blooms

Among the plants enduring the snowy cold, the face of the little butterbur or *fuki* appears. People who come out to pluck this slender little flower sense in its blossoming the aroma of spring and know its arrival is just around the corner.
Nerikiri is squeezed in a fine cloth (*chakin-shibori*) into the shape of a butterbur flower. Finely minced butterbur is mixed in with the yellow *nerikiri* to make its center. While early spring is not quite apparent, the fragrance of this sweet is delightful.

Bourgeons naissants

Alors que les autres plantes endurent encore le froid, les bourgeons de *fuki* (*petasites japonicus*) font leur apparition. Le printemps est encore un peu loin mais les Japonais prennent leur mal en patience en se délectant du parfum de ces jeunes bourgeons qu'ils cueillent.
Nerikiri façonné en bourgeon de *fuki* à l'aide d'un tissu (*chakin-shibori*). Lovés dans la cavité de la plante, les dés de *nerikiri* renferment du bourgeon de *fuki* finement émincé, donnant à cette pièce un avant-goût du printemps, pourtant encore bien loin.

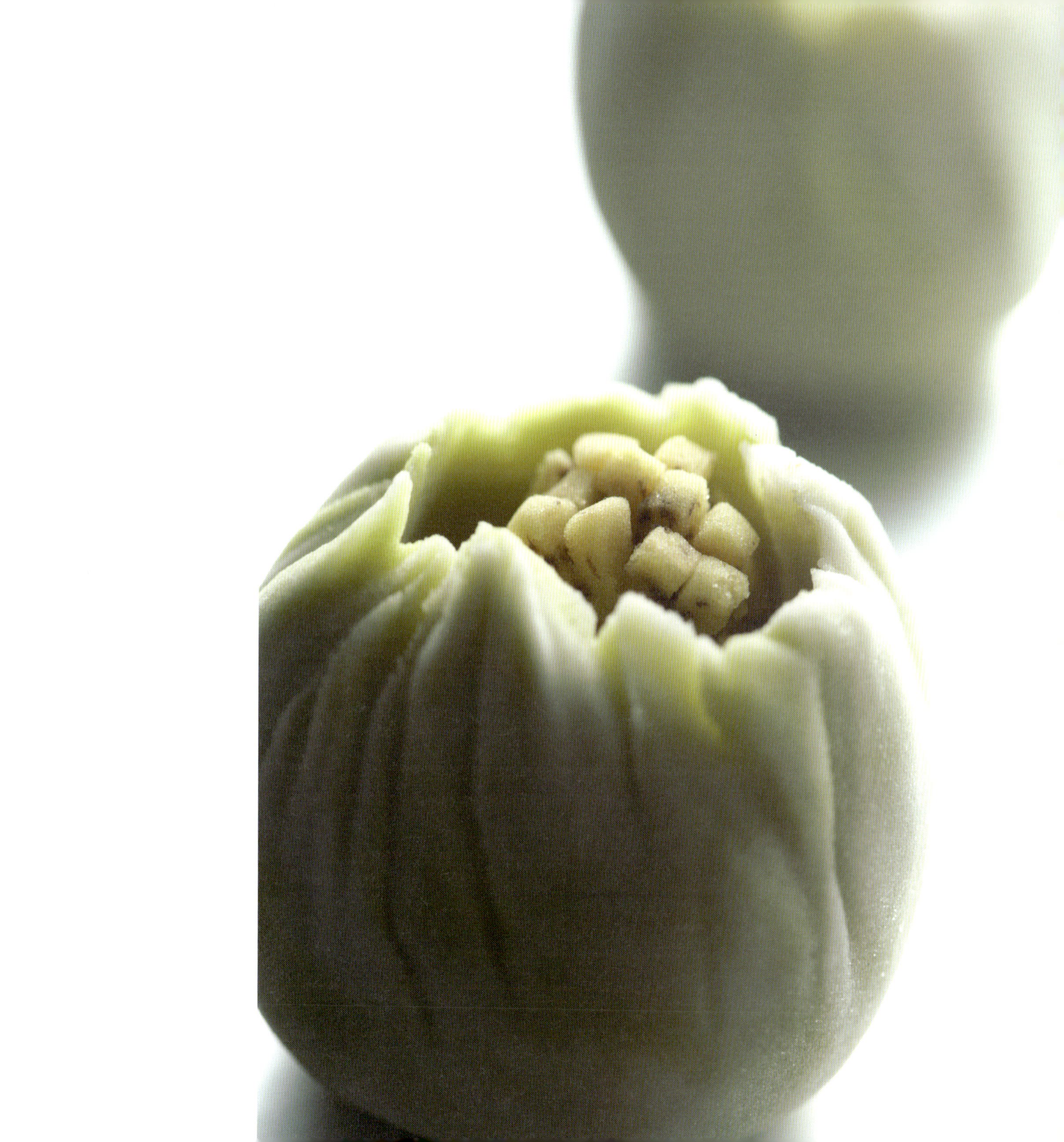

第 71 候

水沢腹堅

さわみずこおりつめる

温度は日を追うごとに下がっていき、深まる寒さに水面は凍り、
やがて大寒をむかえると厚い氷が張る。
うすらい（薄氷）と呼ばれる割れた氷を表現した菓子は冬の茶席によく作られる。
上の白い練りきりと下の白いこなしで黒砂糖の漉し餡をはさみ、割れた氷を表現した。

Even the valley water freezes solid

As the days pass by, the temperature drops bringing with it winter's deepest cold. At first only the water's surface has frozen, but now its ice has become thick and solid. The image of "thin or broken ice" (*usurai*) is a typical sweet found at winter tea ceremonies. Here, brown sugar *koshi-an* is sandwiched between a top layer of white *nerikiri* and a bottom layer of white *konashi*.

Fine couche de glace

La température baisse au fur et à mesure que le jours passent et la surface de l'eau durcit. Après la mi-janvier, la glace devient plus épaisse.
Des pâtisseries portant le nom de « légère glace » (*usurai*) et représentant la glace brisée en surface de l'eau, sont fréquemment servis lors des cérémonies du thé en hiver. *Koshi-an* au sucre noir entre deux abaisses de *nerikiri* blanc (couche supérieure) et de *konashi* blanc (couche inférieure).

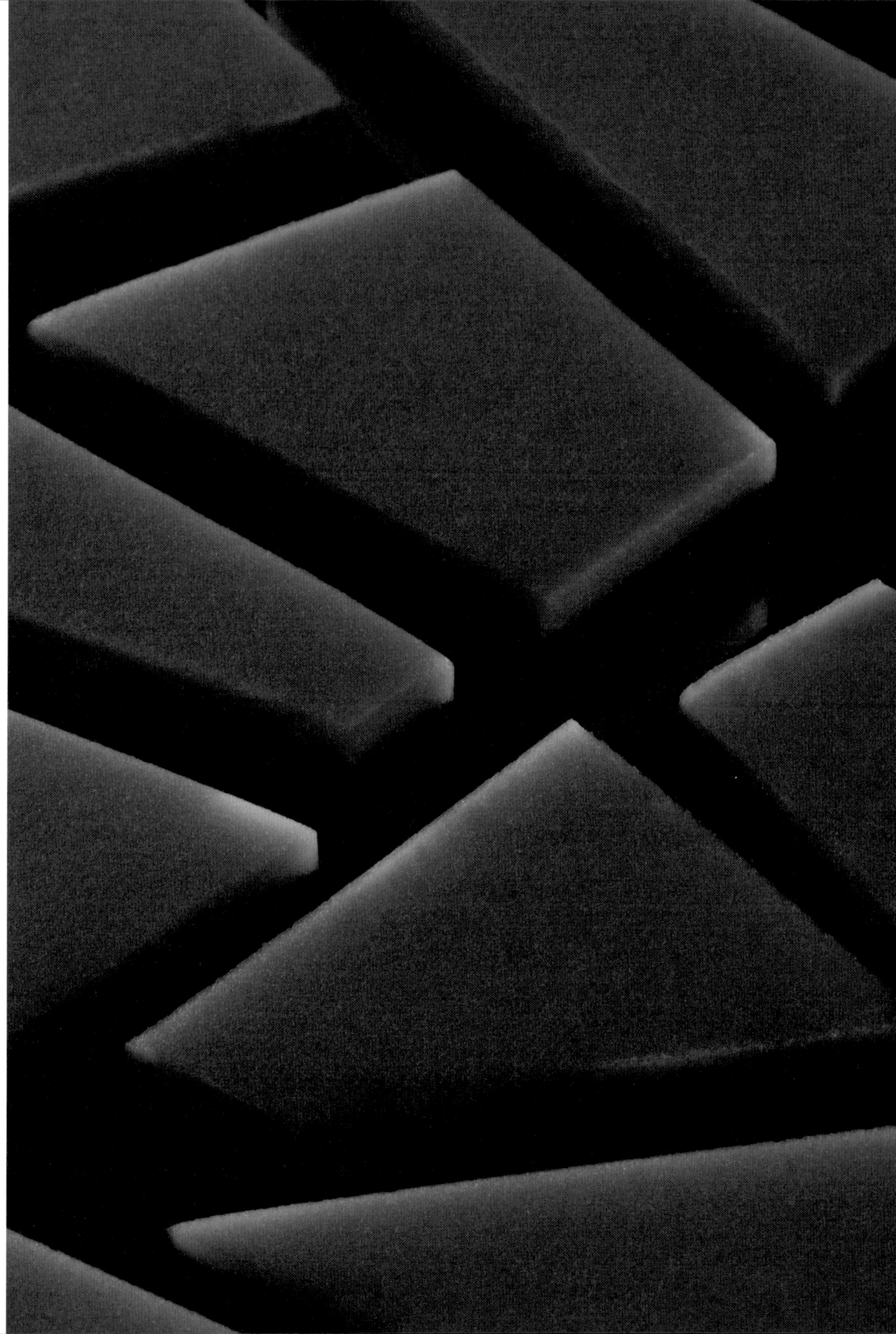

第72候

鶏始乳

にわとりはじめてとやにつく

放し飼われていた鶏は寒さを避けて屋内に入る。
冬の終わりを待ちながら、春から卵を産むための栄養を体に蓄え始める。
練りきりを茶巾で絞り、鶏のふっくらとした体を作った。
赤いこなしの鶏冠（とさか）をのせ、その身に卵を孕む鶏を仕立てた。

The barnyard chicken begins to roost

To flee the cold, free ranging fowl go into warm coops. As winter draws to an end, they begin to store up nourishment for laying their first spring eggs.
Nerikiri is squeezed - using the *chakin shibori* technique into a plump little chicken. Red *konashi* for the cockscomb is placed on top. This plump little shape becomes a chicken ready to lay its eggs.

Rentrée des poules au poulailler

L'hiver avance et les poules élevées en plein air sont rentrées au poulailler. Jusqu'à la fin de l'hiver, elles vont y faire les réserves nécessaires qui leur permettront de pondre des oeufs à partir du printemps.
Nerikiri façonné à l'aide d'un tissu (*chakin-shibori*) en forme de poule potelée prête à pondre. Leur crête est faite en *konashi* rouge.

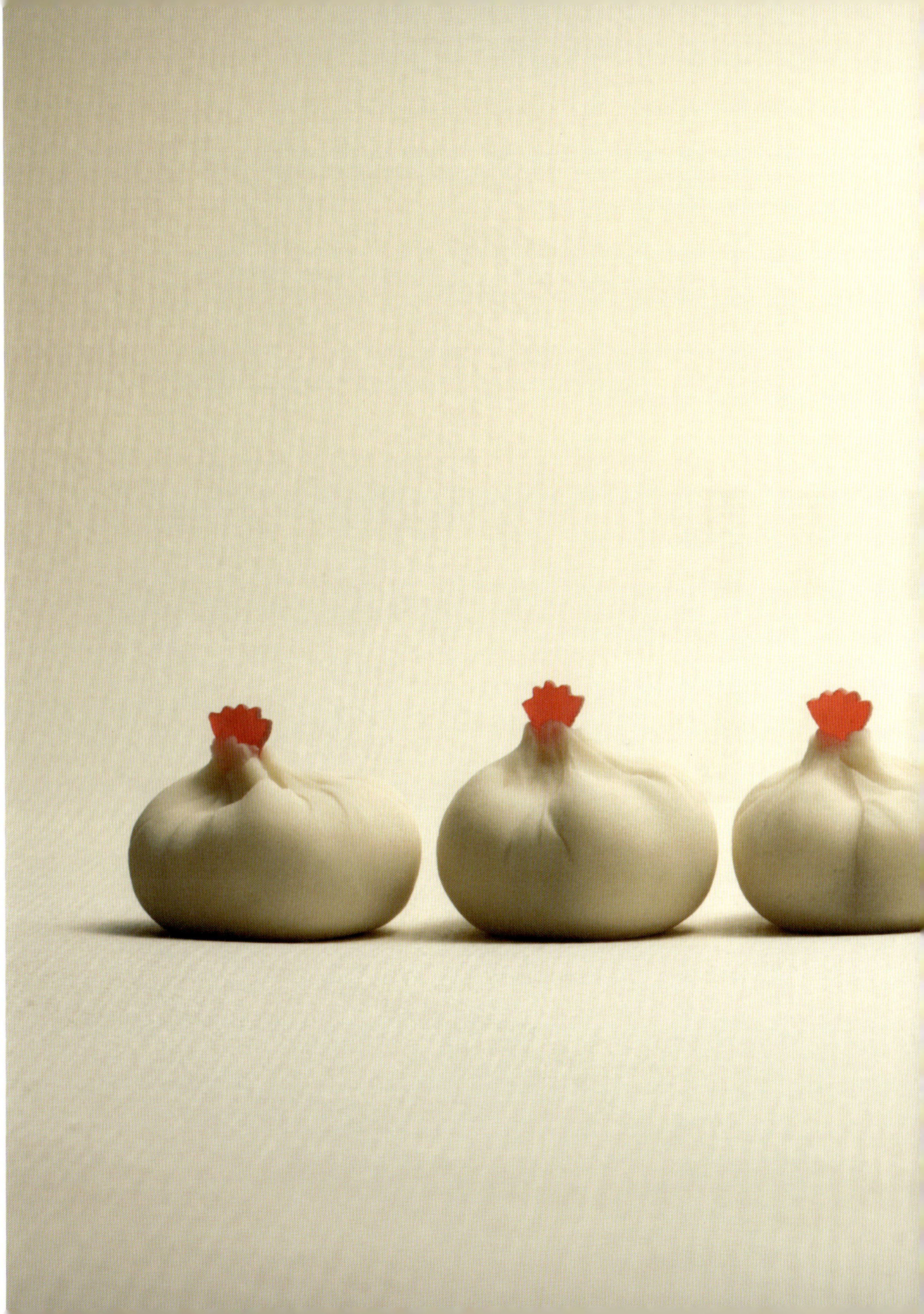

茶の味と和菓子
The flavor of tea and wagashi
Saveur du thé et wagashi

「見立て」と「写し」について
Abstract and concrete interpretations
Abstrait et concret

茶の味と和菓子

季節のための菓子や儀式に食べられる菓子など多くの菓子はあるが、自分が追求しているのは、茶菓子や茶請けという言葉で表現される菓子であり、自分にとっての和菓子は"茶を飲む"という行為を前提にする存在だと考えている。つまり、和菓子によって、いかに茶をおいしく飲むか。基本的にそのために和菓子は存在していると考えている。

近年、和の素材が世界中の菓子職人に注目されており、特に抹茶は様々な形で洋菓子に使われているが、茶とともに飲む菓子に抹茶は使うべきではないと考えている。材料に茶を使ってしまうと、茶を飲む時に味が混ざり、淹れられた茶の味に影響が出てしまう。

茶を飲む前に、和菓子を口にする。すると和菓子によって口の中に、「甘さの余韻」が残る。和菓子にとって「余韻」という感覚を口中に残すことはとても大切であると考えている。甘さの余韻が残る中で茶を飲むと、茶の渋さが旨味に変化し甘さは消える。言い換えると、茶の渋さを旨味に変えた瞬間、和菓子の存在は余韻も残さず消え失せなくてはならない。茶席の菓子は、茶をおいしいと感じた瞬間、何を食べたのかわからなくなるような存在が理想的であると思う。

江戸中期に武士の心得として書かれた『葉隠』の、「武士道とは死ぬことと見つけたり」という一文には、茶を旨く感じさせるために消える和菓子と同じ哲学を感じている。「忠臣は二君に仕えず」という一文も、茶という主人に仕え、自身には茶を使わないという精神と同じであると思う。

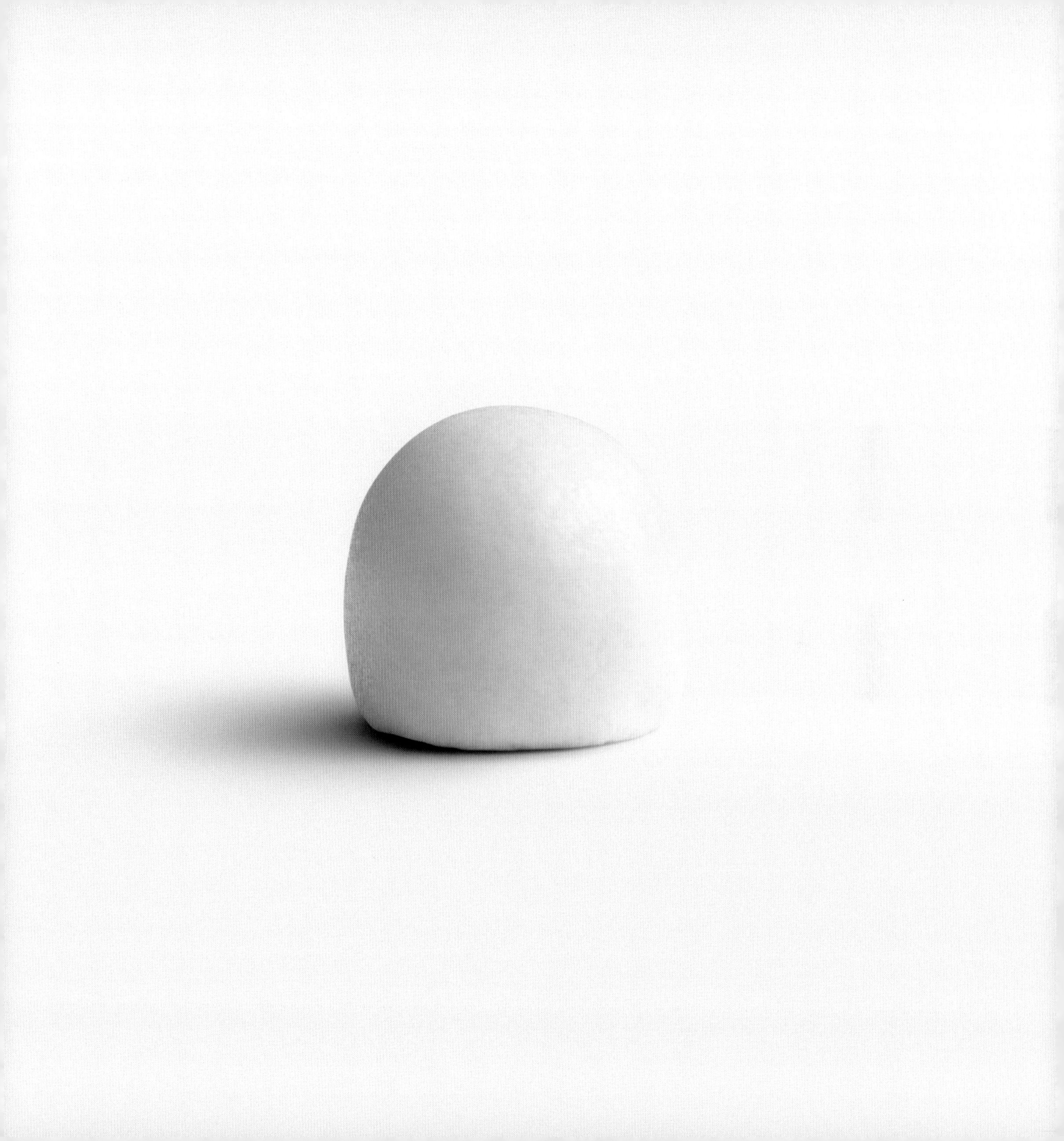

The flavor of tea and *wagashi*

While there are numerous types and varieties of *wagashi* which are consumed on either seasonal or ceremonial occasions. I, myself, prefer to pursue what is referred to as *chagashi* or *chauke*, two words which today refer to *wagashi* associated with the tea ceremony. As for me, I believe, their sole reason for existing is as the prerequisite morsel to be eaten before the act of drinking tea. After all, *wagashi* make the tea more delicious. This is, I feel, fundamentally the reason why *wagashi* exist.

Recently, Japanese ingredients have attracted the interest of the world's pastry chefs. While *matcha* (powdered green tea), in particular, has taken many forms in Western confections, it, however, is not used in making *wagashi* used for the tea ceremony. If it were to be used in these sweets, the taste of the tea in the sweets would linger in the mouth, mixing with and affecting the taste and flavor of tea being sipped.

Traditionally, before drinking tea, each guest eats a *wagashi*. Once it has been consumed, a delicate sweetness lingers. This aftertaste of sweetness is quite important to the *wagashi* experience. As the tea is savored, its bitterness changes to a delicious flavor which makes the sweetness of the *wagashi* disappear.

In other words, the ever so brief aftertaste of the *wagashi* must have completely vanished from the palate before the tea is sipped, so that the tea's rich flavor can be clearly detected and savored. The ideal is that in tea gatherings, the second the richness of the tea is felt, what it was that one ate beforehand becomes hard to remember.

During the mid-Edo period(second half of the 18th century) important principles by which *samurai* should live were written down in a book titled *Hagakure*, (Hidden by the Leaves).In summary, it states that a samurai's path was to be found in death, meaning he was willing to die for his master at any moment. For me, the spirit of this is philosophy can also apply to the eating of a wagashi, which is willing to give up its flavor for the sake of that of the tea. Just as faithful retainer cannot serve two masters at once, neither can a *wagashi*. After being eaten, the taste of a *wagashi* disappears quickly, enabling the delicious taste of the tea to be revealed. Thus wagashi is the faithful retainer to its master, tea, rather than having it compete with tea as an equal.

Saveur du thé et *wagashi*

S'il existe une grande variété de *wagashi* - dont notamment les spécialités liées aux saisons et aux fêtes populaires -, en tant qu'artisan, je m'intéresse surtout aux *wagashi* qui accompagnent le thé, ceux que l'on appelle en japonais *chauke* ou encore *chagashi*. Je pense en effet que les *wagashi* ne prennent sens que dans le cadre d'une dégustation de thé. En vérité, ce sont les *wagashi* qui mettent en valeur les saveurs du thé. Et c'est là que réside, je pense, leur mission fondamentale.

Depuis quelques années, les ingrédients d'origine japonaise sont très prisés par les pâtissiers du monde entier. Le thé *matcha* est notamment utilisé aujourd'hui sous diverses formes dans la pâtisserie française. Je pense, cependant, qu'il ne faut pas utiliser de *matcha* dans les desserts qui doivent accompagner le thé. Si l'on incorpore du thé dans les pâtisseries, les saveurs se confondent et dénaturent le goût du thé servi.

Les *wagashi* se dégustent avant de boire le thé. Ils laissent dans le palais une « résonnance sucrée ». Cette sensation de « résonnance » que distillent les *wagashi*, est, je pense, très importante. C'est elle, en effet, qui transforme l'âpreté du thé en flaveurs, anéantissant ce faisant la sensation sucrée en bouche.

En d'autres termes, au moment précis où les *wagashi* ont modifié l'astringence du thé en saveurs, ils doivent s'effacer et disparaître sans laisser l'once d'une trace. Dans le cadre de la cérémonie du thé, l'idéal est, je pense, qu'à l'instant où les invités découvrent en bouche la richesse du thé, ils ne se souviennent même plus de ce qu'ils ont mangé juste avant.

Il me semble retrouver, dans l'univers des *wagashi*, la même philosophie que celle du *samouraï* pour qui, d'après le célèbre manuel du guerrier, *Hagakure*, publié au milieu de l'époque d'Edo (première moitié du 18ème siècle), « la voie du *samouraï* consiste à mourir ». Les *wagashi* ne doivent-ils pas eux aussi disparaître pour sublimer le thé ? La maxime qui pose qu'« un bon vassal n'obéit qu'à un seul suzerain » rejoint également ce même esprit : les *wagashi* sont aux ordres d'un seul et unique suzerain - le thé. Ils ne doivent pas faire usage dudit breuvage à leurs propres fins.

「見立て」と「写し」について

あらゆる事象を、手のひらの大きさで表現する和菓子だが、その表現方法は大きくは2つ存在すると考えている。

「見立て」と「写し」である。

「見立て」は直截な表現を避ける京都の宮中の文化をくんでいる表現で、直接的な形を作らず、抽象的表現で題材をいかに想像させるかが主眼となる。
道具も極力使わず、手の技でいかに情景を感じさせるかが問われてくる。作る側はもちろん、その見立ての受ける側の感じ方や、読み取り方も合わせてこの表現は成立する。抽象度が高いきんとんなどがこれにあたる。

一方、「写し」は明確に白黒をつける侍の江戸文化を反映しているように思う。直接的な形を繊細に作り、一目で魅きつけることが重視され、ヘラや型を使い、どこまで写実的にその題材を作れるかを追求する。但し、より印象を強めるために造型の省略や意匠化を同時に行い、洗練された造型を作ることを目指していく。ヘラ切りして形を写実的に作る菊花の練りきり細工などがあてはまる。

京好みの抽象表現である「見立て」、江戸好みの具象表現「写し」。自分はそれらを駆使し、無限に広がる和菓子の世界を作っている。

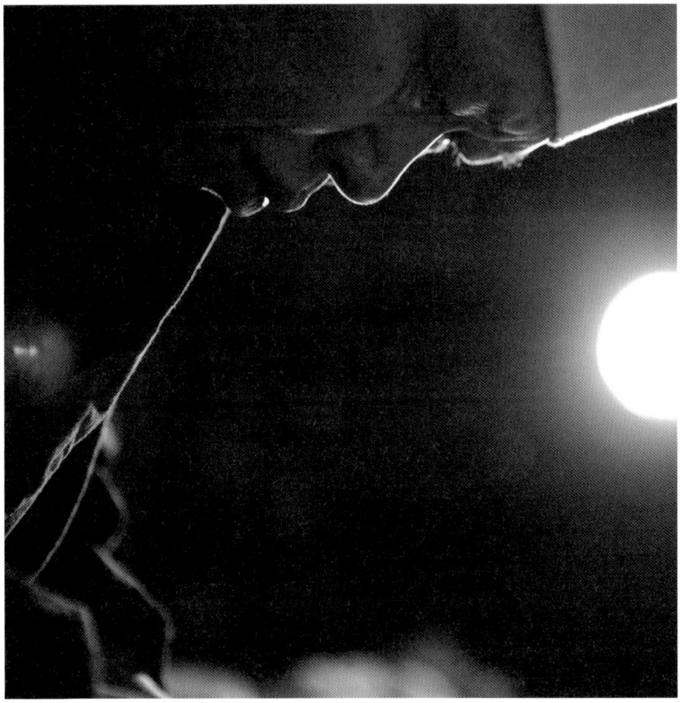

Abstract and concrete interpretations

A *wagashi* fits into the palm of your hand. The method of expression used to create such a small morsel falls by and large into two categories; evocative impression (*mitate*) vs realistic copy (*utsushi*).

Creating an evocative impression rather than making a direct representation in *wagashi* is associated with Kyoto's ancient court culture. Here, a *wagashi* depicted in a realistic manner is absolutely avoided. Instead, it is an abstraction of the subject matter that becomes the focus.

Generally speaking the Kyoto craftsman uses only the skill of his hands rather than relying on utensils and tools to shape the sweet he creates. Through his skill, he must create an atmospheric impression of nature and draw each tea guest into reading between the lines of this expression. The classic example of this type is the *kinton* style *wagashi*.

On the other hand *wagashi* which are clearly "black and white" copies of nature were, in particular, I believe, developed as a reflection of the Edo period culture and of the aesthetic sensibilities of the samurai.

In this instance, it is important to create at a glance a charming *wagashi* through the depiction of a straightforward naturalistic looking shape with fine detailing. To achieve this, wooden molds and tools are used to realize the shape.

While one may wonder how far this pursuit of realism should be carried, the intention is to create a *wagashi* by minimizing certain realistic details and/or by fashioning a design using the *hera*, a three sided wooden prism shaped tool.

Such an example of this would a *nerikiri* chrysanthemum, etc. In summary, to this day classic Kyoto *wagashi* remain abstract and evocative, while Edo *wagashi* (meaning today's Tokyo) are more realistic. By using both styles freely, I can create an infinite number of *wagashi*.

165

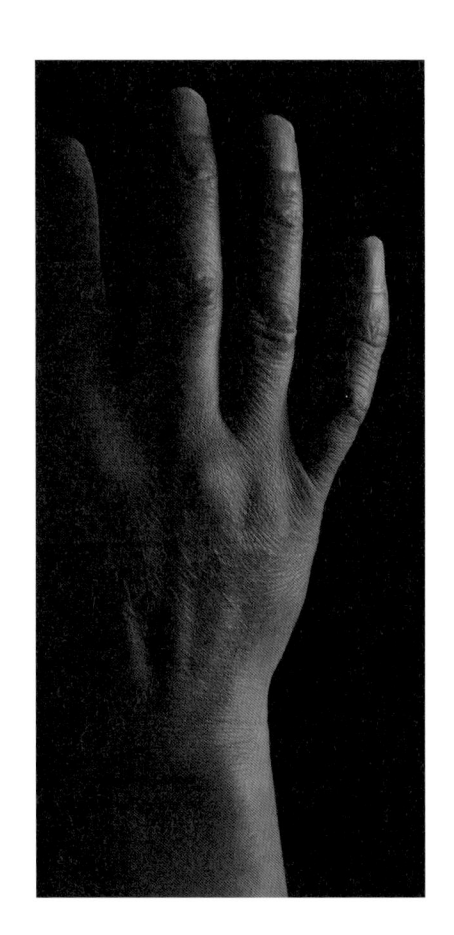

Abstrait et concret

Les *wagashi* peuvent évoquer n'importe quel phénomène de la nature sur une surface aussi petite que la paume de la main.
On distingue deux grands modes d'expression : un mode abstrait (*mitate*) et un autre concret (*utsushi*).

Issu de la culture aristocratique de Kyoto qui préfère éviter les représentations franches, le mode d'expression abstrait ne reproduit pas directement les formes mais cherche à rendre compte du sujet par des moyens figurés. Toute la difficulté de l'exercice consiste à représenter au plus juste un paysage avec ses seules mains, en recourant le moins possible aux instruments.
Si l'artisan occupe une place déterminante dans cette construction artistique, l'invité qui va contempler et ressentir la création en fait également partie intégrante.

Avec son degré d'abstraction très élevé, les *wagashi* que l'on appelle *kinton* relèvent de cette catégorie de gâteaux.
Le mode d'expression concret me semble, pour sa part, venir en droite ligne de la culture très directe des samouraïs, culture née à l'époque d'Edo et qui rejoint quelque peu le style de Tôkyô d'aujourd'hui.

Dans ce contexte, l'artisan doit reproduire les formes telles quelles sont en réalité et dans les moindres détails, l'important étant d'attirer l'attention de l'invité dès le premier regard. À l'aide de sa baguette triangulaire (*hera*) et de divers moules, l'artisan s'ingénie à reproduire le sujet à l'identique.
Il faut cependant noter qu'en même temps, afin de renforcer l'impact de son œuvre, l'artisan élague et épure le trait à la recherche d'un design très élaboré.

Les fleurs de chrysanthème en *nerikiri*, dont les pétales sont découpés de façon très réaliste avec la baguette triangulaire, constituent des exemples de ce mode d'expression.

Représentation abstraite affectionnée à Kyoto, reproduction concrète prisée à Edo : ces deux modalités d'expression me permettent de parer mes *wagashi* d'une multitude de visages différents.

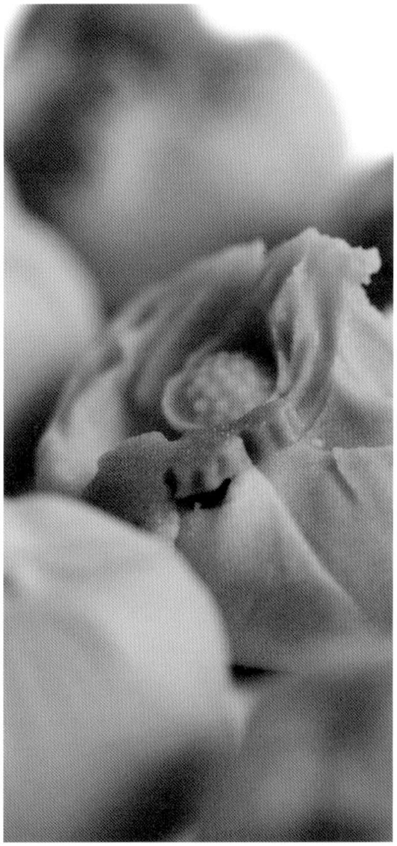

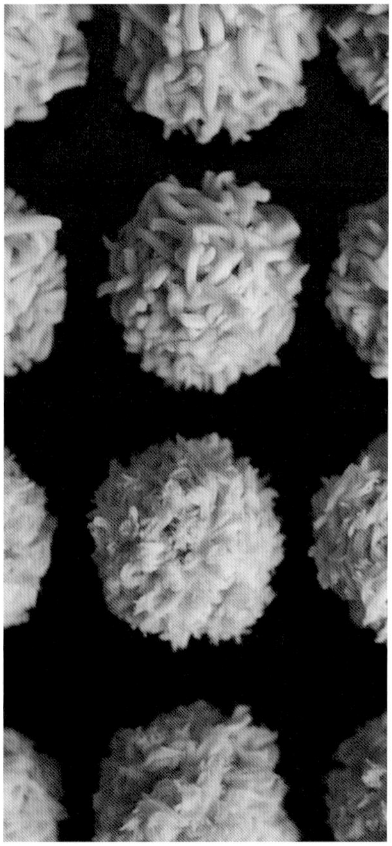

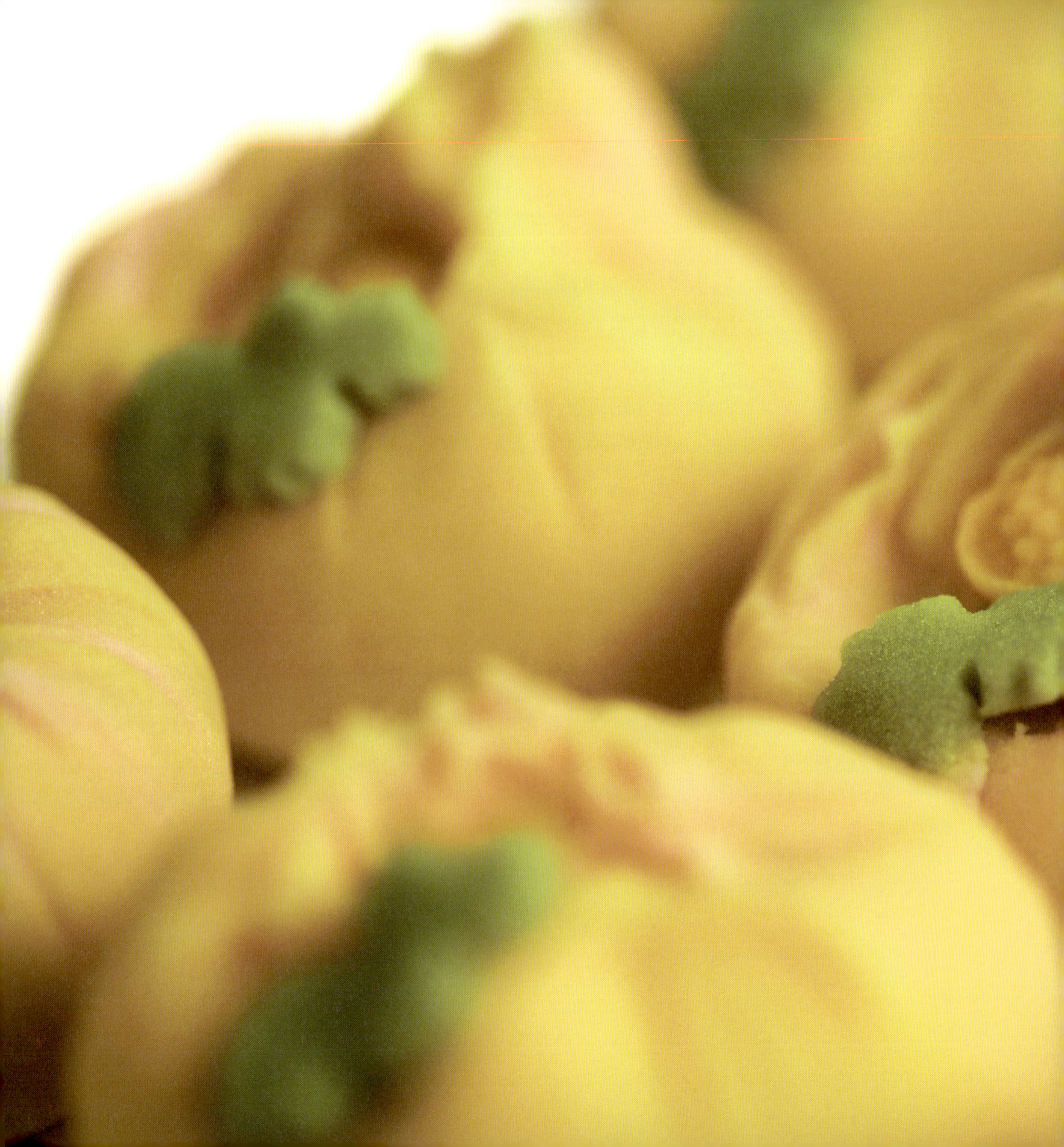

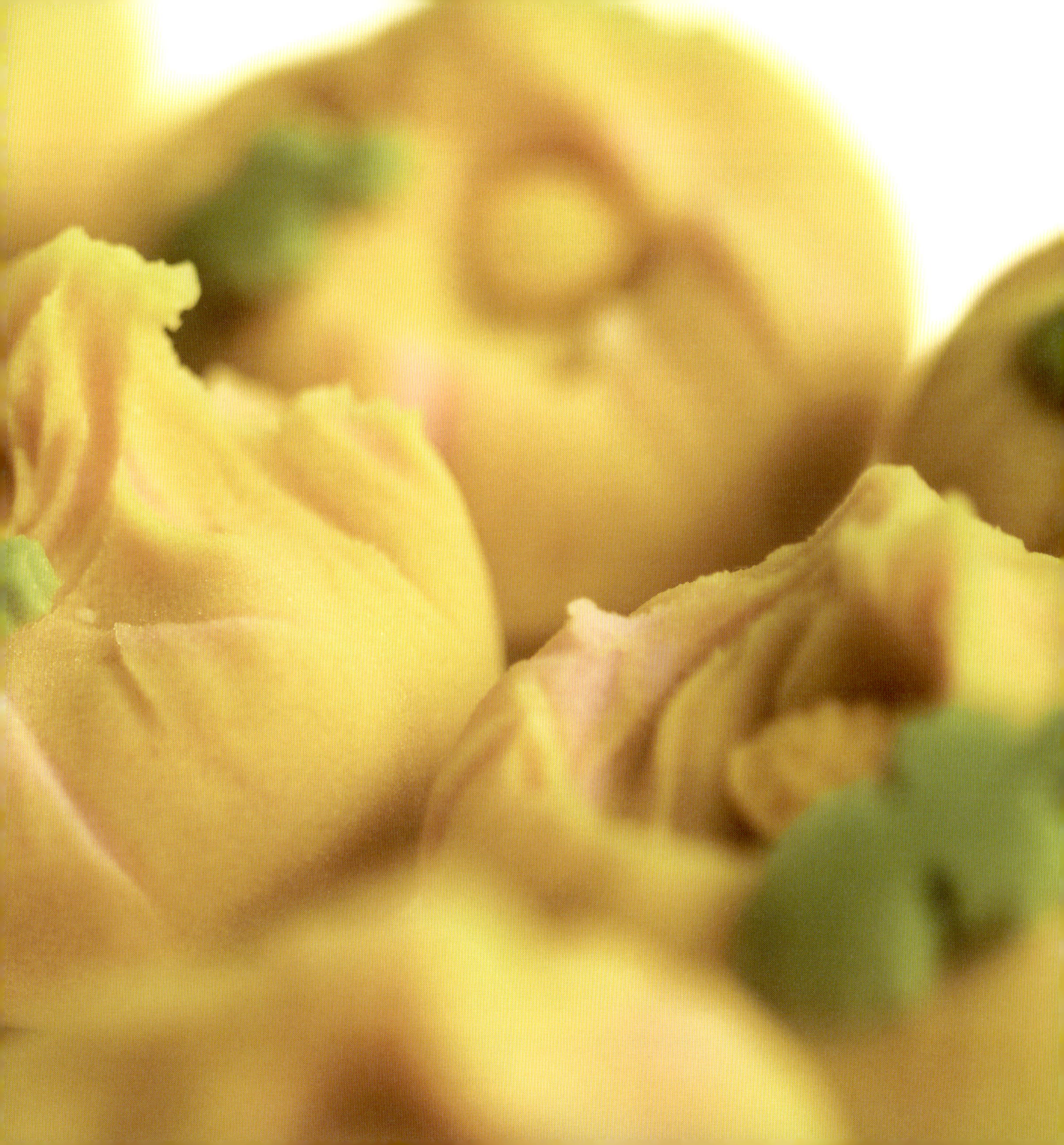

170

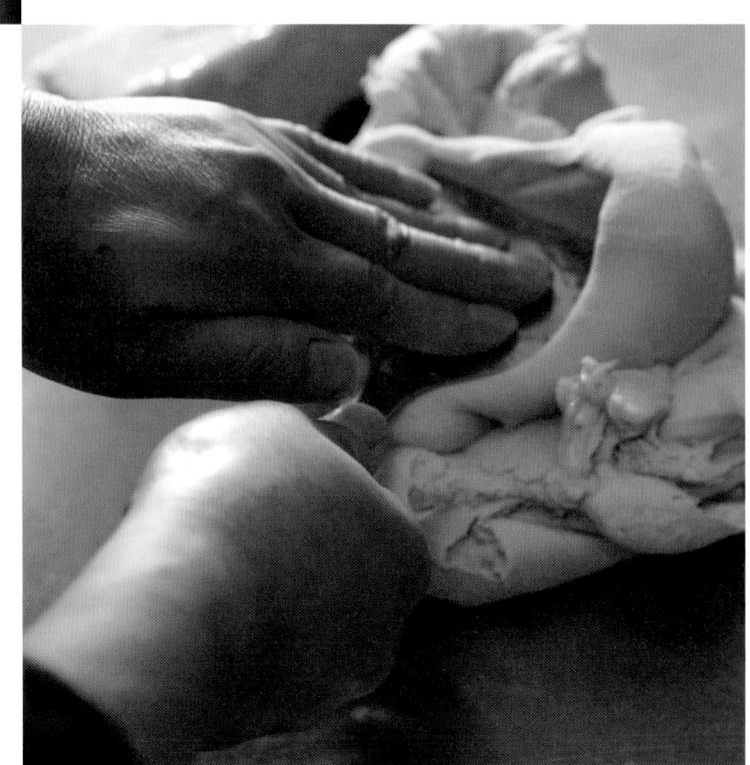

171

172

173

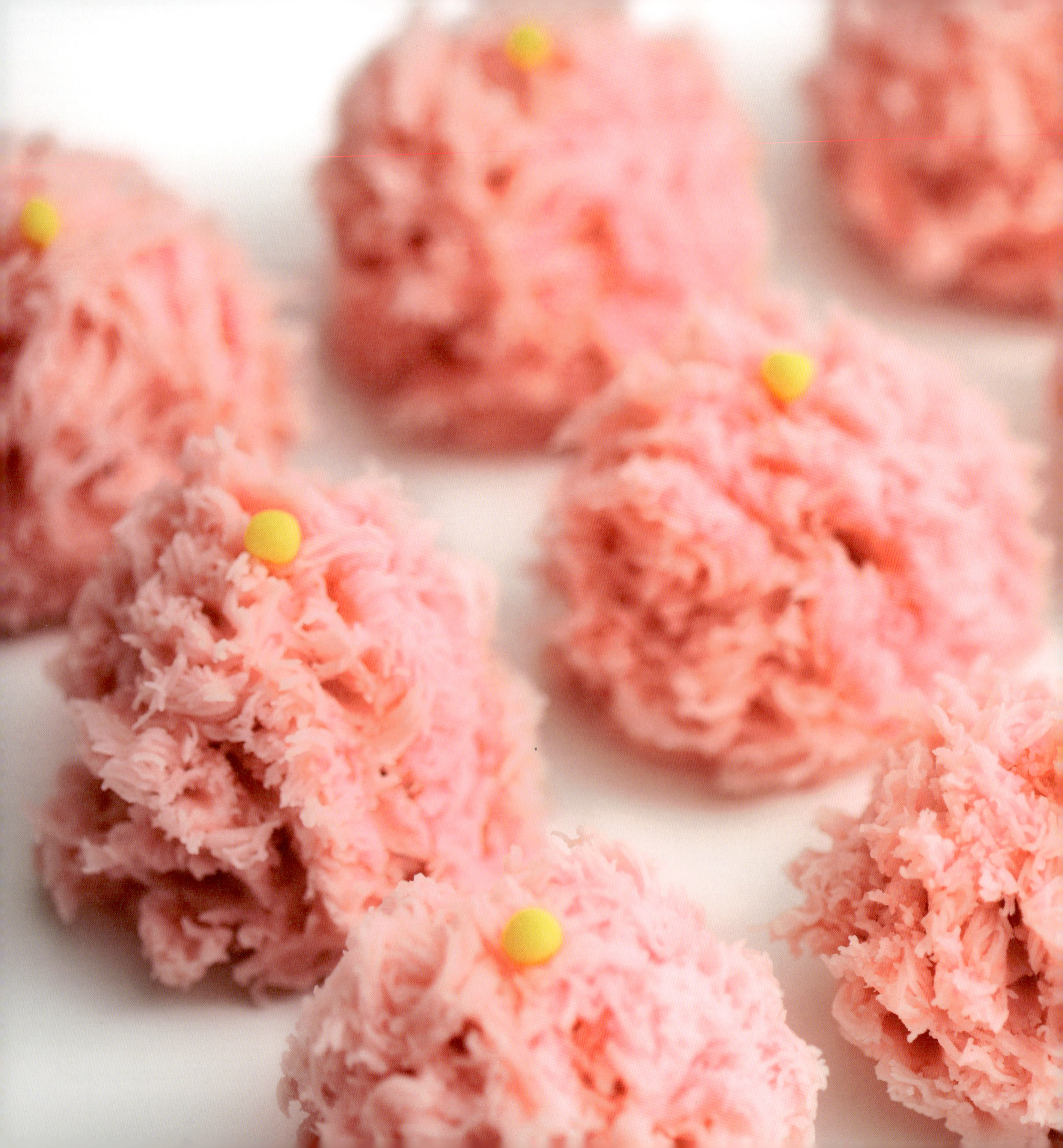

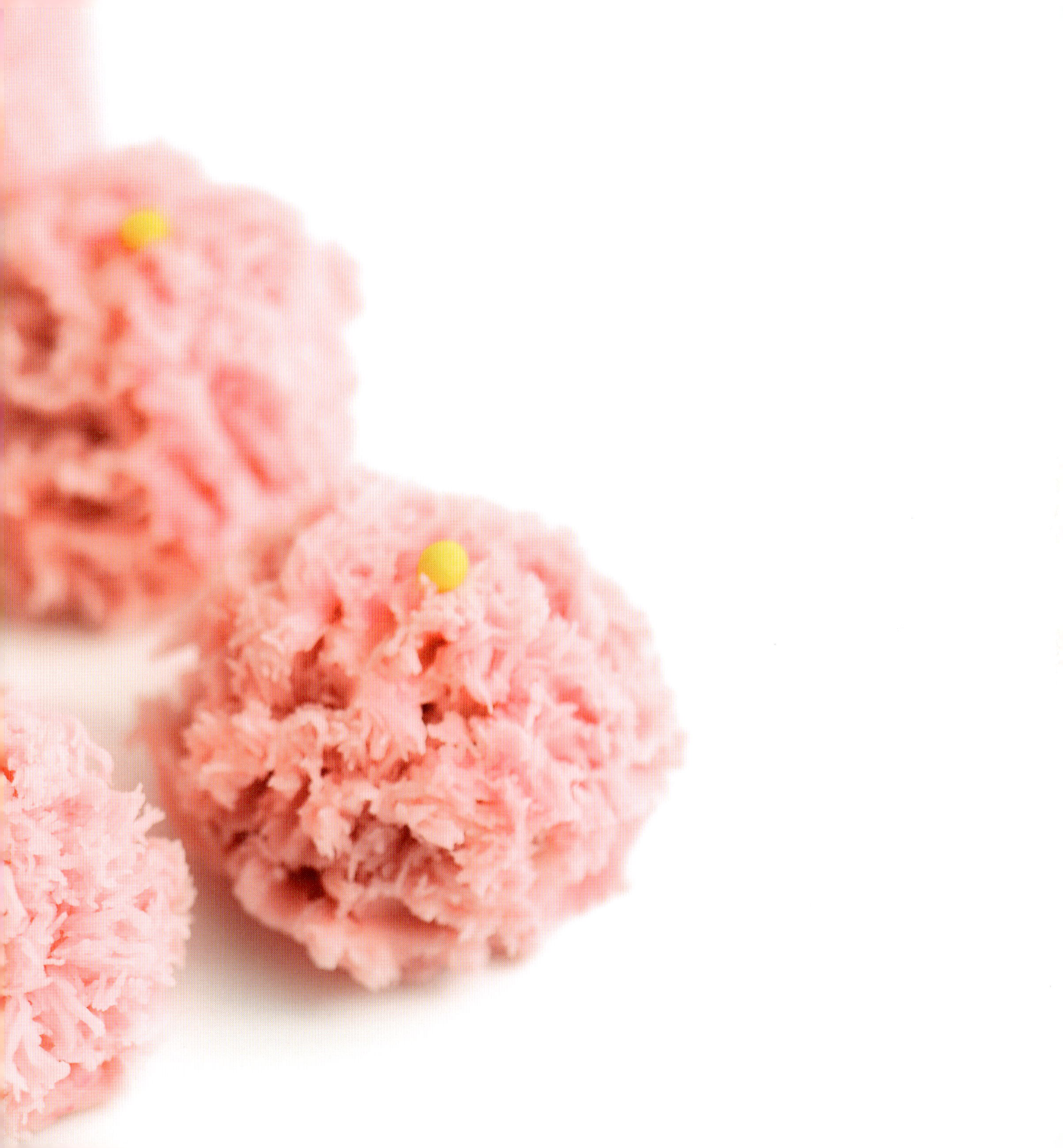

176

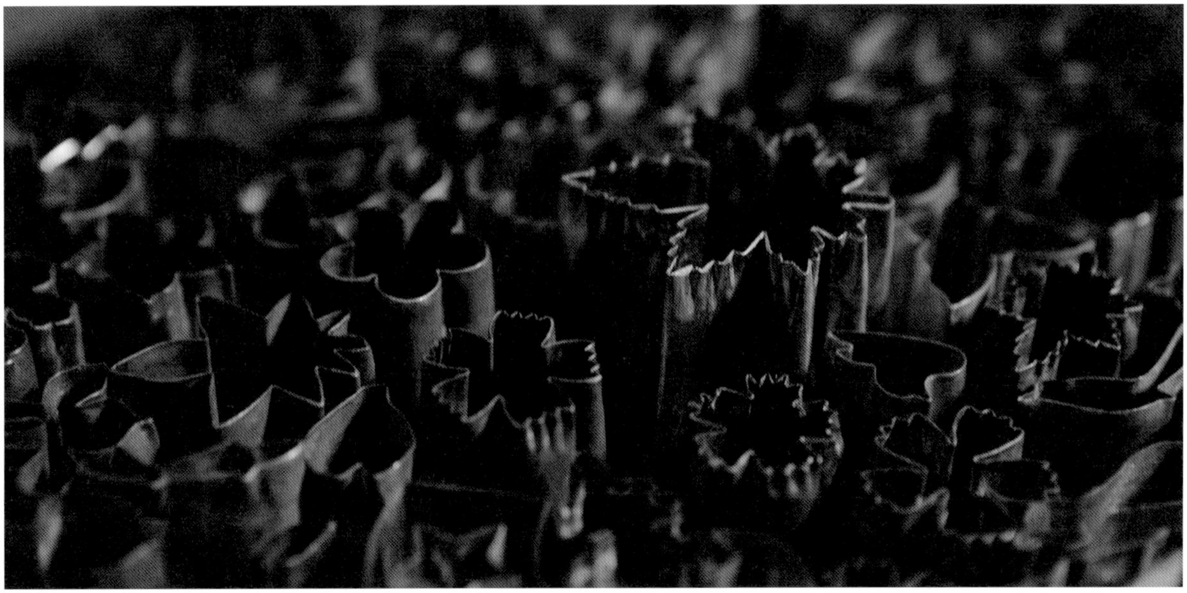

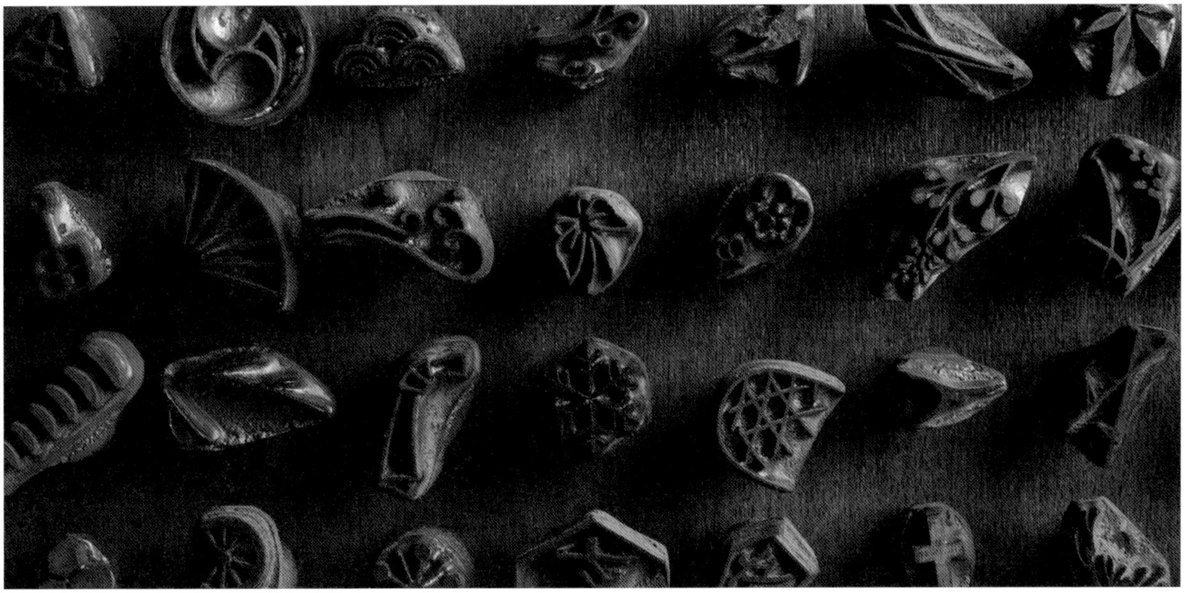

178

179

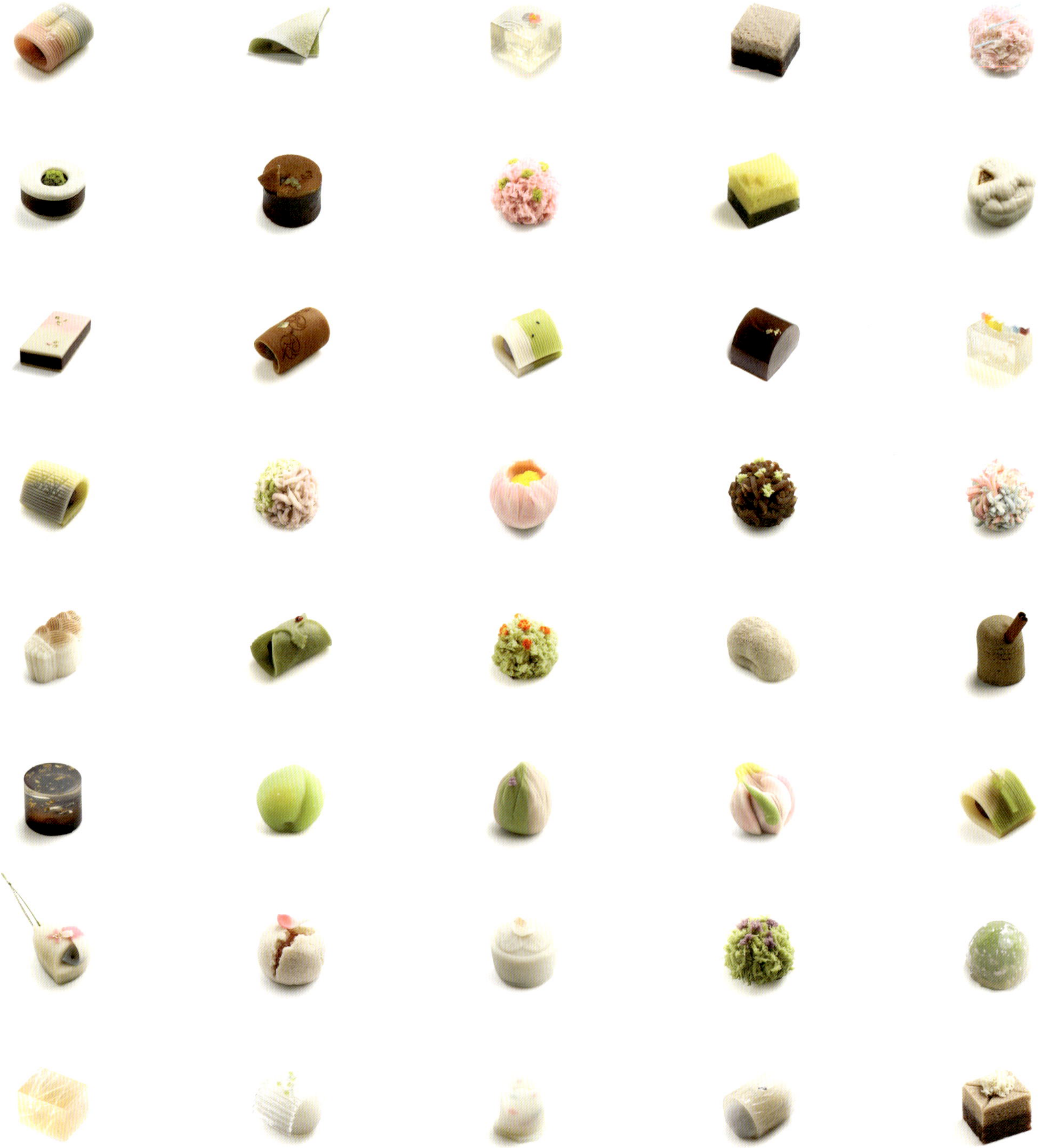

181

用 語 解 説

Vocabulary

Glossaire

用語解説

材料

1. 小豆
普通小豆（ふつうしょうず）とも呼ばれ、一幸庵では漉し餡を作る際に使われる。それぞれの職人ごとに小豆色があり、その色を出すために最適な小豆が選ばれる。一幸庵の小豆色を出すために、現在は北海道の芽室（めむろ）の小豆を用いる。

2. 大納言小豆
一幸庵で、豆の味を引き出す粒餡に使われる小豆の一種。過去の高い地位の官職名を冠する大納言小豆はその名の通り小豆の最高峰であり、古くは京都の丹波の限られた地域でのみ作られていたが、現在では日本各地で作られる。一幸庵では能登半島の珠洲（すず）の能登大納言を用いる。

3. 白小豆
色が白い小豆。小豆や大納言小豆に比べ粘りの少ない餡ができる。

＊餡の種類

粒餡
大納言小豆を煮崩さないように炊き、これを蜜漬けし、さらに煮詰めたもの。豆が持つ味をそのまま餡に仕上げている。潰し餡という、小豆の粒を潰して作る餡の種類もあるが、一幸庵では豆の味が崩れると考えるため用いない。

漉し餡
アクを取り除きながら小豆を煮上げ、皮を取り除いた後、数度水を取りかえ、晒す。その晒し餡に加糖して練り上げ、豆の香りを際立たせた仕上がりにした餡。

白餡
白い色の餡。白小豆を主材料とするが、白小豆のみでは足りない粘りを補うために白金時豆（しろきんときまめ）、手芒豆（てぼまめ）を混ぜて作る。粒餡の白餡も、漉し餡の白餡もあり、用途に合わせて使い分ける。白餡を染めることで、いろいろな色の餡ができる。

4. 砂糖
一幸庵では、餡にはアクが少なく、純度の高いザラメを使う。その他にも、菓子によって、甘さや味に合わせ、一般の家庭でも使う上白糖や、和三盆と呼ばれる四国地方で伝統的な製法で作られる口どけのよい高級な砂糖など、8種類の砂糖を使い分けている。黒砂糖はサトウキビの抽出液を使った砂糖で、黒砂糖の香りを活かして繊細な味に仕上げる大島きんとんなどに使う。

5. 米の粉
一幸庵では菓子に合わせて10種類以上の米粉を使用している。素材や製法、粒子の大きさの異なるものを様々に使い分ける。その一つ、道明寺粉は糒（ほしい）とよばれる、蒸した後に乾燥させた餅米を原料とする米の粉である。道明寺粉に水分を加え、もどして使う。米の粒を残した質感と独特の食感が生まれる。作る菓子によって道明寺粉のもどし方が異なる。例えば桜餅では前日から水につけてもどした道明寺粉を蒸し、砂糖を加えて作った生地に、餡をつつんで仕上げる。
別の菓子、銀杏餅では砂糖の蜜をつくり、そこに道明寺粉を加え、火にかけながら練って生地の固さを調整する。餡を包んだ生地を、さらに少し蒸して仕上げる。

6. 氷餅
もち米を挽いて米汁にしたものを型に入れ、自然の寒さの中で凍らせ、乾燥させたもの。一幸庵では諏訪（すわ／長野県）の氷餅を削り、粗い粒子状で用いる。

7. 葛粉
葛の根を水に何度もさらし抽出した、雪のように白いでんぷん。一幸庵では2年～3年ほど熟成させた葛粉を使う。葛粉を水で溶き、砂糖蜜を加え火にかけ、透明な葛生地に仕立てる。葛生地は葛饅頭などの菓子に使われる。

8. 寒天
テングサなどの海藻を煮溶かして固め、凍結と融解を繰り返し乾燥させたもの。ゼラチンのように生地を固める性質がある。

9. つくね芋
練りきりや薯蕷饅頭に使われる芋。丸芋とも呼ばれる。コシと呼ばれる独特の粘り、食感、滑らかさがあり、薯蕷饅頭では作りたい食感に合わせてコシを抜いたり、逆にコシを活かすなど、繊細に調整して使用する。新のもの（10月下旬）はコシとアクが強く、気候が暑くなるに従ってコシとアクがなくなるので、つくね芋が収穫された季節や、つくね芋を使う時期や湿度に合わせて調整が必要となる。

製法

10. こなし
漉し餡と小麦粉を混ぜて蒸し、もみこなしたもの。京菓子の技法。

11. 練りきり
蒸したつくね芋を裏漉しした後に加糖し練ったもの（練り薯蕷）に、漉し餡を混ぜたもの。

12. 薯蕷饅頭
つくね芋をすりおろした後に砂糖と混ぜてコシを抜いたものに、うるち米から作る目の細かい上用粉を混ぜて生地を作り、餡を包んで蒸し上げる。江戸菓子の手法では砂糖と上用粉を混ぜた中につくね芋をすりおろし、これをもみ込みながら生地を作るが、一幸庵は温度や湿度に合わせ、つくね芋のコシの調整から始める京菓子の手法で薯蕷饅頭を作る。そば粉を加え独特の風味を出した蕎麦薯蕷饅頭も存在する。

#	名称	説明
13.	きんとん	練りきりを裏ごししたものを箸で餡玉や菓子に重ねるもの。裏ごしの目の細かさで様々なモチーフを抽象的に表現する。
14.	ういろう	米の粉と砂糖を混ぜ蒸したもの。
15.	錦玉羹	砂糖を寒天で固めた菓子。一般には夏に食べるため、口当たりの軽さを重視している。
16.	羊羹	餡を固めた菓子。固め方や素材により、多様な種類がある。
17.	練り羊羹	一幸庵では大納言に寒天を加えて練り、羊羹に仕上げる。小倉羊羹とも呼ばれ、保存性を高めるため砂糖を多く加える。
18.	蒸し羊羹	漉し餡に小麦粉を加えてよくもみ込んだものを蒸す。歯切れの良い口当たりと、弾力のある歯触りが重要となる。
19.	上り羊羹	名古屋を中心とした東海地方では漉し餡を上りと呼ぶ。上り羊羹は漉し餡を使った軟らかい蒸し羊羹を指す。丁稚羊羹、蒸し羊羹、上がり羊羹は兄弟のような羊羹である。
20.	水羊羹	漉し餡を最小限の寒天で固めた羊羹。一幸庵では夏場の蒸し暑い時期に餡をどのように食べてもらうかを追求している菓子。口に入れた瞬間に溶け始め、喉に届く頃には消える固さに繊細に調整する。柔らかさの中の微かな歯触り、上顎と舌でつぶれる淡い口当たり、そしてはのかに小豆が香る喉越しを楽しむ。
21.	小倉羹	生菓子として使う羊羹。一幸庵では大納言小豆を蜜漬けしたものに寒天を加えて固める。保存性を高める煉り羊羹に比べ水分が多く口当たりが柔らかくなる。大納言小豆の代わりに、白小豆を使った白小倉羹も存在する。
22.	村雨	米の粉と漉し餡をまぜ、そぼろ状にして蒸したもの。
23.	黄身しぐれ	漉し餡、卵黄、米の粉を混ぜて蒸したもの。全卵を使った場合、蒸した際の割れが少なくなり食感が変化する。
24.	浮島	漉し餡と米の粉にメレンゲ状の卵白と卵黄を混ぜ蒸したもの。
25.	軽羹	つくね芋と米の粉と砂糖を混ぜて蒸したもの。軽い口当たりを作るためにつくね芋のコシを適切に調節することが必要となる。
26.	餅	餅米を蒸してついた食品としての意味のほか、米や麦などを材料にした生地の菓子をいう。一幸庵では米の粉や麦の粉などで餅を作る。粉の種類、あるいは混ぜる素材によりさまざまな餅がある。
27.	羽二重餅	白玉粉と餅粉を合わせて水で溶いて蒸す。これに加糖をして練り、元となる生地をつくる。そこにメレンゲ状の卵白を加えて熱を通しながら練ったもの。卵白の立て方や火の通し方で食感がまるで変わる。とある著名なチョコレート会社の経営者であるフランス人は、その滑らかな口触りを、まるで女性の耳たぶのような質感であると表現した。
28.	餅皮	白玉粉と砂糖を混ぜたものを水で溶き、焼いたもの。焦げ目をつけず白焼きで仕上げる。
29.	どら焼き	小麦粉と砂糖と卵を混ぜ、銅板で焼き、餡を挟み込んだもの。
30.	中華種	どら焼き生地の変化形。

道具・技法

#	名称	説明
31.	焼き印	菓子に烙印を付けるための鉄の道具。文字通り焼いて印を付ける場合も、焼かずに空押しし、陰影のみを付ける場合もある。砂鉄の質によって印のつき方が大きく変わる。
32.	千筋	無数に筋が入った木板のこと。こなしや練りきりをのせ、上から麺棒を転がすことで、細かい筋の文様をつけることができる。
33.	茶巾絞り	一枚の布で様々な形を作っていく技法。木綿や絹など、布の違いや絞り方の違いで幾通りもの形を作り、表現していく。

Vocabulary

Ingredients

1. *Azuki* (*Futsu-shozu*, regular red *azuki* beans)

This refers to "regular *azuki*", in this case Hokkaido's Memuro" *azuki*, which are used to make *koshi-an* at Ikkoan. Each master *wagashi* craftsman has his own preference for the color of the resulting *an*, and for that reason he will choose the ideal bean.

2. *Dainagon azuki* (Large variety of *azuki*)

Suzu dainagon azuki cultivated in Ishikawa Prefecture's Noto peninsula which is located on the Sea of Japan, are used at Ikkoan to make a flavorful *tsubu-an* (chunky bean paste). In the past the word *dainagon* referred to a high government post and eventually was given to the highest grade of *azuki*. While they were originally cultivated only in Kyoto's Tamba area, today they are grown throughout Japan.

3. *Shiro-azuki* (White *azuki*)

The glutinous property of *an* made with *shiro-azuki* is less than that found in *an* made with either *azuki* or *dainagon azuki*.

Types of *an*.

Tsubu-an (Chunky style red bean paste)
Generally speaking an refers to red bean paste (*azuki an*) and in Japanese is pronounced like *ahn*. Dainagon azuki are cooked but not to the point that they get overly soft and begin to crumble. Sugar is added and the mixture reduced. In this type of *an*, it is the flavor the beans impart that is important. Another way to make *tsubu-an* is by cooking the beans until they totally crumble. There are many different ideas on how to make *an*. However, at Ikkoan the thinking is that since there is a greater possibility the flavor of the beans will be destroyed if one uses the latter method that is not good.

Koshi-an (smooth red bean paste)
A type of *azuki* paste in which the harshness is removed from the beans. After cooking, the skins are removed and the remaining *an* is rinsed several times in water to refine its flavor. The result is called *sarashi-an*. Sugar is added to this to make a sweetened bean paste in which the aroma of the beans is prominent.

Shiro-an (white bean paste)
While regular *shiro-azuki* are the main ingredient, because they do not have sufficient glutinous properties, additional beans such as kidney beans are added. The way in which *tsubu-an* and *koshi-an* types are used is determined by what suits each best. *Shiro-an* can be tinted, resulting in the creation of many different bean paste colors.

4. *Satō* (Sugar)

At Ikkoan, coarse highly refined sugar, which is not harsh in taste, is used to make sweetened *an*. This is one of 8 different available types of sugars. They are divided by use, depending on the type of *wagashi* being made and the desired sweetness or flavor.
Two other examples of these 8 sugars would be regular household *jōhakutō* or *wasanbon* from the Island of *Shikoku*, a fine grained, extremely expensive, traditionally handmade sugar which melts beautifully in the mouth can be used. Brown sugar, made from the unrefined extracted liquid from the sugar cane which is crystalized, adds a nice aroma and subtle flavor to various sweets. At Ikkoan it is used in *Ōshima kinton*, etc.

5. *Kome-no-ko* (Rice flour)

At Ikkoan there are 10 varieties of rice flour from which to choose depending on the type of *wagashi* being made. The type of rice each flour is made from, its production method, the resulting grain size, etc., all form the basic differences and determine which is appropriate for each sweet. One such example is *dōmyōji-ko* (*Hoshi* : dried boiled rice), a type of basic rice flour ingredient made from *mochi* (glutinous) rice which has been dehydrated after steaming. Water is added to reconstitute it for use. The quality of the grains created during the steaming/dehydration process, etc. remains, creating a unique texture and flavor. Depending on the type of *wagashi*, the method of reconstituting *dōmyōji-ko* is somewhat different. For example, when making *sakura mochi*, (*mochi* which is wrapped in a salt pickled cherry leaf), *dōmyōji-ko* is soaked the day before. The following day, it is steamed. Sugar is then added to make the basic *kiji* (mixture) which is wrapped around balls of *an*. With *Ginnan* (Ginko) *mochi*, *dōmyōji-ko* is added to sugar syrup and the mixture is then reduced down to the correct firm texture. This is then wrapped around *an* and very lightly steamed to complete.

6. *Kōri-mochi* (Freeze dried *mochi*)

Ground *mochi* rice together with its liquid is poured into a form which is then left out in the cold to freeze and is then dried to remove all moisture.
Ikkoan uses *Suwa kōrimochi* from Nagano Prefecture. When shaved, it produces a rough grain like flake for use.

7. *Kuzu-ko* (Flour made from the root of the kuzu plant)

At Ikkoan, *kuzu-ko* that has aged for 2-3 years is used. To make *kuzu-ko* the *kuzu* root is rinsed many times in water to extract its snow white starch. This *kuzu* flour is dissolved in water, and sugar is added, and then the mixture is heated until it turns clear. This *kuzu kiji* (mixture) is then used to make *wagashi* such as *kuzu manjū*, etc.

8. *Kanten* (Agar-agar)

Various types of seaweeds, such as agar-agar (gelidium amanasii), etc. are melted over heat and then removed to set. This is then frozen and thawed repeatedly to create the resulting freeze dried item. Like gelatin, it has properties which enable a liquid to solidify.

9. *Tsukune-imo* (A type of Japanese mountain yam, Dioscorea japonica)

This is not generally available in the US. It is used in making *nerikiri* or *jōyo-manjū*. It is also called *maru-imo* (round yam). When grated, it produces a very unique dense, slippery, glutinous mass. In making a *jōyo manjū*, when the grated yam is combined with flour and then steamed, a unique texture results. To make the most of this yam's properties, there has to be a sensitive control in its use. Around the end of October, the dense texture and unique taste of this yam are at their height. The hotter the weather, the less dense the texture is. The season in which it is harvested, the time period when it is used, as well as the air's humidity is crucial elements which need to be taken into consideration when using this item.

General methods

10. *Konashi*

A basic *wagashi kiji* (mixture) made from combining *koshi-an* and regular flour which are steamed and then kneaded. This is a Kyoto *wagashi* method.

11. *Nerikiri*

A basic *wagashi kiji* made from steamed *tsukune-imo* which is pressed through a sieve, combined with sugar and then combined with basic *koshi-an*.

12. *Jōyo-manjū*

A type of classic *manjū* (steamed bun) made with *tsukune-imo* that has been finely grated and combined with sugar to bring out its body.
Jōyo-ko, a fine grained rice flour made from non-glutinous rice, is then added to make the *kiji* which is wrapped around balls of an and steamed. The Edo technique refers to Tokyo style sweets in which the yam is directly grated into a mixture of *jōyo-ko* and sugar, and then kneaded to make the *kiji*. At Ikkoan, the Kyoto technique is employed. To bring out the best results, before mixing, both humidity and temperature must be taken into consideration so that the texture of the *tsukene-imo* can be adjusted.
If *soba-ko* (buckwheat flour) is added, a unique flavor is produced and the resulting *manjū* is referred to as a *soba-jōyo-manjū*.

13. *Kinton*

A basic material made with *nerikiri* which has been pressed through a strainer to create strands called *soboro*. These are then piled up using chopsticks. Depending on the fineness of the strainer, the resulting strands can be used to create many different abstract motifs.

14. *Uirō*

A type of sweet in which rice flour and sugar are combined and then steamed.

15. *Kingyoku-kan*

A type of clear *wagashi* using *kanten* to which sugar is added and then jelled. The importance of this classic summer sweet is its light, delicate flavor.

16. *Yōkan*

A sweet in which an becomes solidified. A wide range of types, determined by the degree of firmness and the initial ingredients used, exist.

17. *Neri-yōkan*

At *Ikkoan*, *dainagon azuki* are added and combined with *kanten* to make *yōkan*. The resulting *yōkan* is referred to as *Ogura yōkan*. It has a large amount of sugar added as a preservative to increase its shelf life.

18. *Mushi-yōkan*

Steamed *yōkan*. A type of yōkan in which *koshi-an* is combined thoroughly with flour and then steamed. It is important that the finished texture have a dense, firm quality with a hint of elasticity to it.

19. *Agari-yōkan*

The *Tokai* regional word for *koshi-an* is *agari* and is generally found in use in *Nagoya* City. Therefore, *agari-yōkan* refers to a lightly steamed *koshi-an* based *yōkan*. *Detchi-yōkan, mushi-yōkan, agari-yōkan* are all in the same steamed *yōkan* family.

20. *Mizu-yōkan*

A type of *yōkan* which uses a minimum amount of *kanten* as a jelling agent. At *Ikkoan*, it is a sweet that answers the question of how would one wish to eat an during the hot summer. The minute this sweet enters one's mouth, it starts to melt and as one swallows, its subtle firmness vanishes. The faint texture quickly disappears as it touches the upper palate and the tongue. The delicate aroma of the *azuki*, as it slides down the throat is pleasant.

21. *Ogura-kan*

A type of *yōkan* used in freshly made *wagashi* (*namagashi*). At *Ikkoan*, *dainagon azuki* sweetened in sugar syrup are added to kanten to jell.
This type of *yōkan* has higher water content and is softer in texture to the palate when compared with regular *neri-yōkan*, which has a longer shelf life. Instead of *dainagon azuki*, if *Shiro-azuki* are used, *shiro ogura-kan* can also be made.

22. *Murasame*

A type of *wagashi* in which rice flour and *koshi-an* are combined, pressed through a sieve to make *soboro* (strands) and then steamed.

23. *Kimi-shigure*

A type of sweet in which *koshi-an*, egg yolks and rice flour are combined and then steamed. If the entire egg is used, surface cracking, which is desirable, will diminish and the taste will be different.

24. *Ukishima*

A type of *wagashi* made with *koshi-an* and rice flour which are combined with stiffly beaten egg whites. Egg yolks are then added and the resulting mixture is steamed.

25. *Karukan*

A type of *wagashi* in which *tsukune imo*, rice flour and sugar are combined and then steamed. To get a very light airy result, it is necessary to be able to carefully control the resulting glutinous body of the grated yam.

26. *Mochi*

Other than referring to the food item made with steamed glutinous rice, the word *mochi* refers to any *wagashi* mixture which uses rice or barley, etc. as a basic *kiji* ingredient. At *Ikkoan* rice or barley flour, etc. is used to make *mochi*. There are many types of *mochi* which based either on the variety of flour or on the added ingredients which are used.

27. *Habutae-mochi*

A basic *wagashi* made from combining *shiratama-ko* and *mochi-ko* two types of flour made from glutinous rice, which are dissolved in water and then steamed. Finally, sugar is added and the mixture is kneaded, creating a basic *kiji* for making *wagashi*. Stiffly whipped egg whites are then added. Depending on the texture of the egg whites and the temperature of the mixture, the texture of resulting mixture can vary widely.
A well-known French chocolate company's manager remarked that the ideal smooth texture is one that should feel like a woman's earlobe.

28. *Mochi-kawa*

An item in which a *mochi kiji* made from combining a mixture of *shiratama-ko* and sugar dissolved in water is cooked on a flat griddle. The ideal result is a cooked white surface without any scorch marks.

29. *Dorayaki*

A type of batter made with flour, sugar and egg which is cooked on a flat griddle and then wrapped around an.

30. *Chūka- dane* (*Chūka* types)

Various *wagashi* which use the *dorayaki* batter to make other different shapes.

Tools and techniques

31. *Yaki-in*

A type of decorative brand made from iron which is used to impress various motifs onto a *wagashi*. A strong impression of a motif can be made by heating this tool. A softer impression can be made without heating. Depending on the quality of iron that is used, the quality of the resulting impression can vary widely.

32. *Sensuji*

A wooden tool with numerous lines carved into it. When *nerikiri* or *konashi* is placed on this board, by using a rolling pin, a fine linear pattern is impressed into the surface.

33. *Chakin-shibori*

A technique using a square of either cotton material is manipulated by squeezing or pressing to make an infinite number of shapes.

All rights reserved by Ikkoan book project.

Glossaire

Les ingrédients

1. *Azuki* (haricots secs de couleur rouge)

Les *azuki* dits ordinaires (*futsû-shōzu*) sont utilisés, chez Ikkoan, pour préparer le *koshi-an*. Chaque pâtissier a « sa couleur *azuki* » de prédilection et choisit les *azuki* qui lui permettent le mieux de s'en rapprocher. La couleur *azuki* d'Ikkoan est obtenue avec des *azuki* de la région de Memuro sur l'île de Hokkaidō.

2. *Dainagon azuki* (*azuki* de grande taille)

Les dainagon *azuki* sont utilisés dans le *tsubu-an* (crème d'*azuki* avec morceaux) d'Ikkoan pour renforcer les arômes de l'*azuki*. Comme son nom l'indique - *dainagon* désigne un conseiller de premier rang à la Cour impériale -, le dainagon *azuki* est une variété d'exception. Si sa culture était autrefois limitée à la région de *Tamba*, près de Kyoto, il est aujourd'hui cultivé dans tout le pays.
Les *dainagon azuki* d'Ikkoan proviennent de la région de Suzu sur la péninsule de Noto (côte de la Mer du Japon).

3. *Shiro-azuki* (*azuki* blancs)

Comparés aux variétés ordinaires et dainagon, les *azuki* blancs donnent une crème plus légère.

Les crèmes de base (*an*)

Tsubu-an (crème d'*azuki* avec morceaux)
Chez Ikkoan, cette crème est préparée avec des dainagon *azuki* qui sont cuits avec précaution afin de conserver les grains entiers. On les fait ensuite macérer dans le sucre puis confire. Le *tsubu-an* ainsi obtenu renferme toutes les saveurs de l'*azuki*. Il existe une variante de cette crème, appelée *tsubushi-an*, où les graines d'*azuki* sont écrasées mais, considérant que les arômes de l'*azuki* y sont largement altérés, on n'en confectionne pas chez Ikkoan.

Koshi-an (crème d'*azuki* sans morceaux)
Les *azuki* sont tout d'abord blanchis pour les débarrasser de leur âcreté, puis cuits. On enlève ensuite la peau des graines à l'aide d'un tamis fin, puis on immerge et rince à l'eau à plusieurs reprises la pulpe d'*azuki* ainsi obtenue. La pulpe est ensuite cuite avec du sucre pour obtenir une crème d'*azuki* aux parfums particulièrement développés.

Shiro-an (crème d'haricots blancs)
Crème confectionnée à partir, principalement, d'*azuki* blancs. Deux autres variétés de haricots blancs secs (*shiro-kintokimame, tebo-mame*) sont cependant incorporées afin de donner un peu plus de consistance à la crème. Cette crème blanche peut se préparer avec ou sans morceaux ; on les distingue selon les usages. On peut également la colorer et obtenir des garnitures de couleurs variées.

4. *Satō* (sucre)

Chez Ikkoan, les crèmes d'*azuki* sont confectionnées *azuki* avec du sucre blanc en cristaux, car ce dernier est d'une grande pureté et sans amertume à la cuisson. On utilise également le *jōhakutō* (sucre ordinaire utilisé dans les foyers au Japon) ou encore le sucre *wasambon*, sucre très onéreux d'une extrême finesse en bouche, qui est fabriqué de façon artisanale dans la région de Shikoku. C'est ainsi près de huit variétés différentes de sucre qu'Ikkoan utilise selon l'intensité et le goût recherchés.
Quant au sucre noir (*kokutō*), il est entièrement confectionné à partir de jus brut de canne à sucre et apprécié pour son parfum. On le retrouve chez Ikkoan dans le *Ōshima kinton*, un *wagashi* qui sublime les arômes de ce sucre.

5. *Kome-no-ko* (farine de riz)

Pour l'ensemble de la production chez Ikkoan, on recourt à plus d'une dizaine de farines de riz différentes. Elles sont choisies selon leur matière première, leur mode de fabrication mais aussi selon la finesse de leur mouture. L'une d'entre elles, la farine *dōmyōji-ko*, est fabriquée avec du riz gluant qui a été cuit à la vapeur puis séché (*hoshii*). On réhydrate cette farine avant de l'utiliser. Elle se distingue par ses grains de riz apparents et sa texture en bouche originale. On réhydrate plus ou moins la farine *dōmyōji-ko* selon les usages. Par exemple, pour les *sakura-mochi* (*mochi* enveloppé d'une feuille de cerisier macérée dans le sel), on la réhydrate la veille de la cuire à la vapeur ; la pâte est ensuite sucrée et fourrée. En revanche, pour les *mochi* aux *ginnan* (fruit du gingko), la farine est incorporée à un sirop de sucre que l'on travaille sur le feu jusqu'à bonne consistance. La pâte est ensuite garnie et cuite à la vapeur.

6. *Kōri-mochi* (*mochi*-glace)

Le riz gluant est pilé puis transformé en une préparation liquide que l'on coule dans un cadre. La préparation est ensuite exposée à l'air libre dans le grand froid où elle gèle et sèche. Le *kōri-mochi* d'Ikkoan provient de *Suwa* (département de Nagano), il est râpé et utilisé en gros copeaux.

7. *Kuzu-ko* (fécule d'arrow-root)

Fécule blanche comme la neige, extraite de la racine de l'arrow-root qui est, avant extraction, immergée dans l'eau à plusieurs reprises. La fécule d'Ikkoan a subi deux à trois ans de maturation. Le *kuzu* est dissout dans l'eau, puis cuit avec un sirop de sucre jusqu'à l'obtention d'une pâte translucide que l'on utilise pour les *kuzu-manjū* et autres *wagashi*.

8. *Kanten* (agar-agar)

Le kanten est obtenu à partir d'algues telles que le *tengusa* (gelidiaceae) que l'on fait bouillir et solidifier ; ces algues subissent ensuite une succession de congélations et fusions avant d'être séchées. De la même manière que la gélatine, le *kanten* permet de gélifier des préparations.

9. *Tsukune-imo* (igname)

Tubercule utilisé principalement pour la confection de nerikiri et de *jōyo-manjū*. On l'appelle également *maru-imo* (le tubercule rond). Cette igname possède une élasticité mais aussi une texture en bouche et un aspect soyeux très caractéristiques. Lors de la confection des *jōyo-manjū*, la pâte est minutieusement ajustée selon la texture recherchée en cassant son élasticité ou, au contraire, en essayant de l'amplifier. Les *tsukune-imo* nouvellement récoltées à la fin du mois d'octobre ont beaucoup de corps et une certaine âcreté. Récoltées plus tardivement, ils perdent leur vigueur et s'adoucissent. Il est nécessaire d'ajuster les recettes selon la période à laquelle les tubercules sont récoltés mais aussi selon le taux d'humidité de l'air au moment où on les utilise.

Techniques de fabrication

10. *Konashi*
Pâte de base préparée à partir d'un mélange de *koshi-an* et de farine de blé, cuit à la vapeur. Cette pâte relève du répertoire des *wagashi* de Kyoto.

11. *Nerikiri*
Pâte de base confectionnée à partir d'un *tsukune-imo* qui est cuit à la vapeur, passé à travers un tamis fin puis cuit avec du sucre. Le tubercule est ensuite incorporé à du *koshi-an*.

12. *Jōyo-manjū*
Le *tsukune-imo* est râpé et mélangé à du sucre afin d'être assoupli, puis mélangé à de la farine *jōyo-ko*, farine de riz non-gluant de mouture très fine. La pâte obtenue est ensuite fourrée et cuite à la vapeur. Les pâtissiers de la région de Tokyo procèdent différemment : ils mélangent tout d'abord le sucre et la farine, y incorporent l'igname râpée et terminent la pâte en la malaxant à la main. Les *jōyo-manjū* d'Ikkoan sont confectionnés selon la méthode de Kyoto qui veut que l'on ajuste la texture du tsukune-imo râpé selon le temps et l'humidité de la saison, et ce, avant d'incorporer la farine. Il existe également un *jōyo-manjū* à la saveur originale, préparé avec de la farine de sarrasin.

13. *Kinton*
Nerikiri qui est passé à travers un tamis pour obtenir des délicats filaments que l'on superpose minutieusement à l'aide de baguettes. Les différentes tailles des mailles des tamis permettent aux pâtissiers de réaliser des œuvres aux motifs abstraits.

14. *Uirō*

Pâte de base réalisée avec un mélange de farines de riz et de sucre que l'on cuit à la vapeur.

15. *Kingyoku-kan*

Confiserie faite de sirop de sucre gélifié au *kanten*. La légèreté en bouche de ces bonbons est primordiale car ils sont destinés à être consommés en été.

16. *Yōkan*

An (crème de garniture) sous forme solide. Selon le procédé de fabrication et les ingrédients choisis, on distingue de nombreuses variétés de *yōkan*.

17. *Neri-yōkan*

Chez *Ikkoan*, le *yōkan* est préparé à partir de *kanten* et de *dainagon azuki* lentement cuits sur le feu. Ce *yōkan* est habituellement connu sous le nom d'*ogura-yōkan*. Il est un peu plus sucré qu'à l'ordinaire pour améliorer sa conservation.

18. *Mushi-yōkan*

Pâte de *koshi-an* mélangée longuement à la main avec de la farine de blé puis cuite à la vapeur. Le *mushi-yōkan* doit présenter une certaine résistance sous la dent mais une bonne souplesse en bouche.

19. *Agari-yōkan*

Dans la région de *Nagoya*, le *koshi-an* est aussi appelé *agari*. L'*agari-yōkan* désigne donc un *yōkan* confectionné avec du *koshi-an*. C'est un *yōkan* très tendre, cuit à la vapeur (*mushi-yōkan*), voisin des *dechi-yōkan* et *mushi-yōkan*.

20. *Mizu-yōkan*

Gelée d'*azuki* extrêmement souple car gélifiée avec une quantité infime de *kanten*. Ce produit est le résultat des efforts des pâtissiers japonais pour trouver un dessert à base d'*azuki* à consommer pendant les chaleurs étouffantes de l'été. À peine en bouche que le *mizu-yōkan* commence déjà à fondre. Quand il amorce sa descente dans la gorge, il a déjà perdu tout semblant de consistance, laissant seulement de son passage un subtil parfum d'*azuki* dans le palais. Avec sa texture existante mais fuyante, sa faible résistance entre la langue et le palais et son doux parfum d'*azuki*, le *mizu-yōkan* est une délectation pour les sens.

21. *Ogura-kan*

Yōkan que l'on sert avec un thé en tant que tel. L'*ogura-kan* d'Ikkoan est préparé à partir de *dainagon azuki* auxquels on incorpore du *kanten* pour le solidifier. Comparé au *neri-yōkan* qui se veut un produit avant tout de conservation, le taux d'hydratation de l'*ogura-kan* est plus élevé ; ce dernier est de fait beaucoup plus tendre en bouche. Il existe également un *ogura-kan* de couleur blanche (*shiro agura-kan*) confectionné avec des *shiro-azuki* (*azuki* blancs) à la place des *dainagon azuki*.

22. *Murasame*

Biscuit de base composé d'un mélange de farine de riz et de *koshi-an* qui est passé au tamis puis cuit à la vapeur.

23. *Kimi-shigure*

Pâte de base faite d'un mélange de *koshi-an*, de jaunes d'œuf et de farine de riz que l'on cuit à la vapeur. En remplaçant les jaunes d'œuf par des œufs entiers, les crevasses obtenues sur le gâteau se réduisent et la texture change.

24. *Ukishima*

Biscuit de base cuit à la vapeur, composé de *koshi-an*, de farine de riz, de blancs d'œufs montés et de jaunes d'œuf.

25. *Karukan*

Pâte de *tsukune-imo*, de farine de riz et de sucre, cuite à la vapeur. Afin d'obtenir la légèreté caractéristique de ce biscuit, il est important de bien ajuster la texture du *tsukune-imo* avant utilisation.

26. *Mochi*

Outre les gâteaux confectionnés à partir de riz gluant cuit à la vapeur puis pilé, les *mochi* désignent également des gâteaux dont la pâte est faite à partir d'ingrédients divers comme le riz et le blé. Les différentes farines utilisées et ingrédients incorporés à la pâte donnent ainsi naissance à une multitude de *mochi*.

27. *Habutae-mochi*

Pâte préparée à partir d'un mélange de *shiratama-ko* et *mochi-ko* (deux farines de riz gluant) qui est dissout dans l'eau puis cuit à la vapeur. Cette préparation est ensuite sucrée et travaillée sur le feu, donnant une pâte qui constitue l'élément de base du *habutae-mochi*. En finition, on y incorpore une meringue et retravaille le tout une dernière fois sur le feu. La clé de la légèreté de cette pâte réside dans la fermeté de la meringue et la cuisson de la pâte. De passage chez Ikkoan, un Français, dirigeant d'une très célèbre chocolaterie, a comparé un jour la douceur de cette pâte à celle du lobe de l'oreille d'une femme…

28. *Mochi-kawa*

Fine crêpe de *shiratama-ko* (farine de riz gluant) et de sucre. On la cuit en évitant la coloration.

29. *Dorayaki*

Galettes faites d'une pâte à base d'œufs, de farine de blé et de sucre. Elles sont cuites sur une plaque de cuivre et ensuite fourrées à la crème d'*azuki*.

30. *Chūka-dane*

variante de la pâte à *dorayaki*.

Ustensiles et façonnage

31. *Yaki-in*

Fer en métal qui permet d'estampiller les gâteaux de motifs variés. Le fer peut être chauffé ou utilisé à froid, donnant, dans ce dernier cas, un motif tout en nuances. La qualité de la limaille de fer à partir de laquelle l'instrument est fabriqué, a un certain impact sur le résultat final.

32. *Sensuji*

Planche de bois rainurée d'une multitude de traits. Cet outil permet de réaliser des stries très serrées sur de la pâte *konashi* ou *nerikiri*. Pour ce faire, on fait rouler un rouleau sur ces pâtes après les avoir déposées sur la planche.

33. *Chakin-shibori*

Technique de façonnage qui permet de modeler diverses formes à l'aide d'un seul morceau de tissu (*chakin*). En jouant sur la matière du tissu (coton, soie), et sur la façon dont le pâtissier enveloppe et presse la pâte à l'intérieur, il est possible de réaliser de nombreuses variantes d'une même forme.

和菓子の芸術を 100 年残す

一幸庵の菓子に出会ったのは、私が小学生の頃だった。母が買ってきてくれた一幸庵の菓子を食べ、その美しさとおいしさの虜になった。それはある年の自分の誕生日に、ケーキではなく一幸庵の羊羹をねだるほどだった。

それから 20 年ほど経ったある日、その菓子を作る水上氏に、「一幸庵の菓子の本を作り、その価値を世界に伝えたい」という想いだけを抱えて会いにいった。水上氏は驚いていたが、最終的には「やってみましょう」と応えてくれた。

なぜ水上氏の菓子を本に残すべきだと考えたか。それは食べると消えてしまう彼の表現を 100 年後の人々にも伝えたいと考えたからだ。水上氏が素晴らしい和菓子職人であることは多くの人が認めるところだった。しかし同時に私は、季節と和菓子の表現を駆使する芸術家であるとも感じていた。そして本を作る前にその事に気づいていている人はほとんどいなかったと思う。

本書を作るために約 6 年もの時間がかかったがその価値は大いにあった。この本が 100 年後の人々の手にも渡る事を心から願っている。

2016 年 5 月　南木隆助

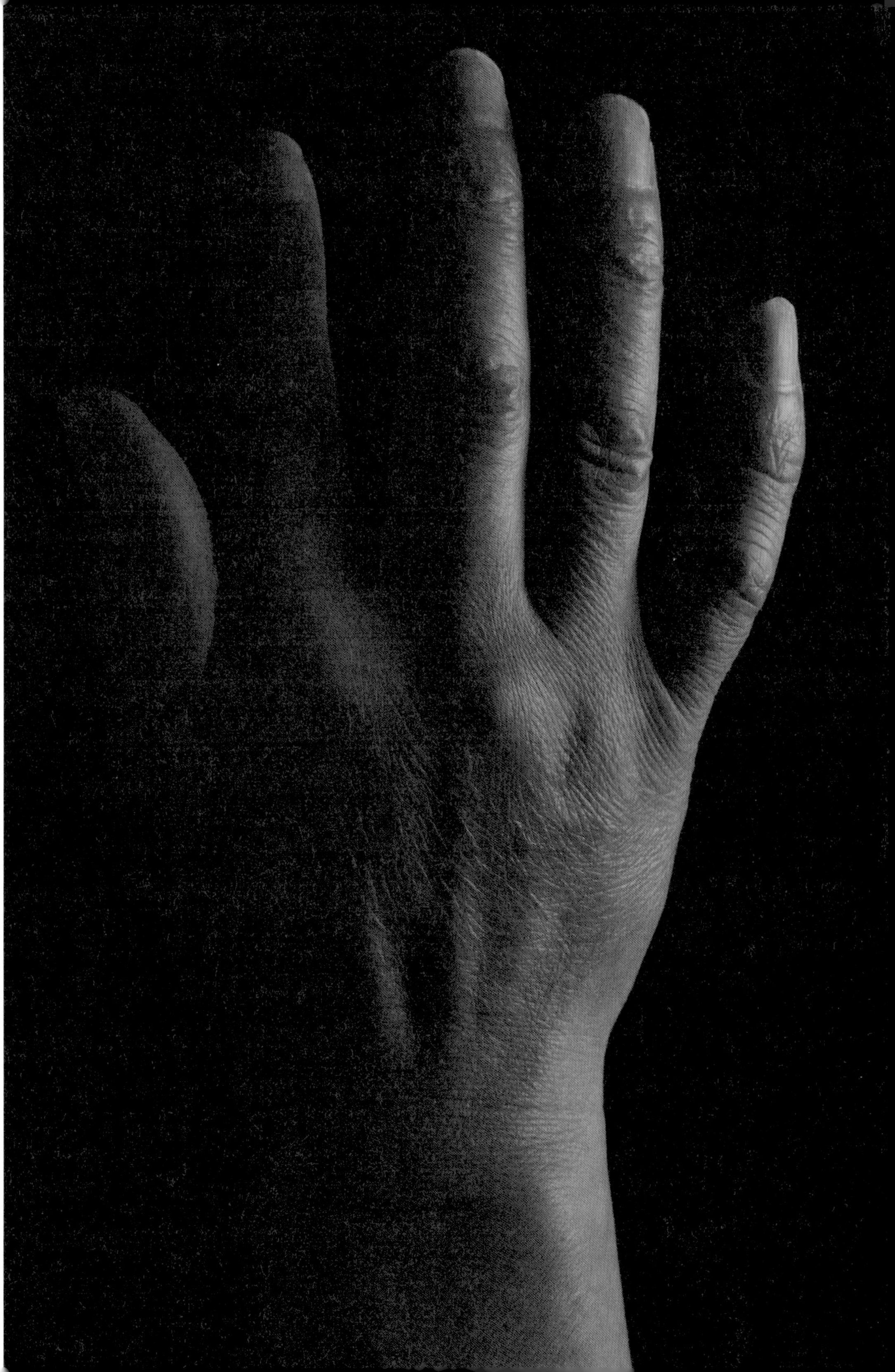

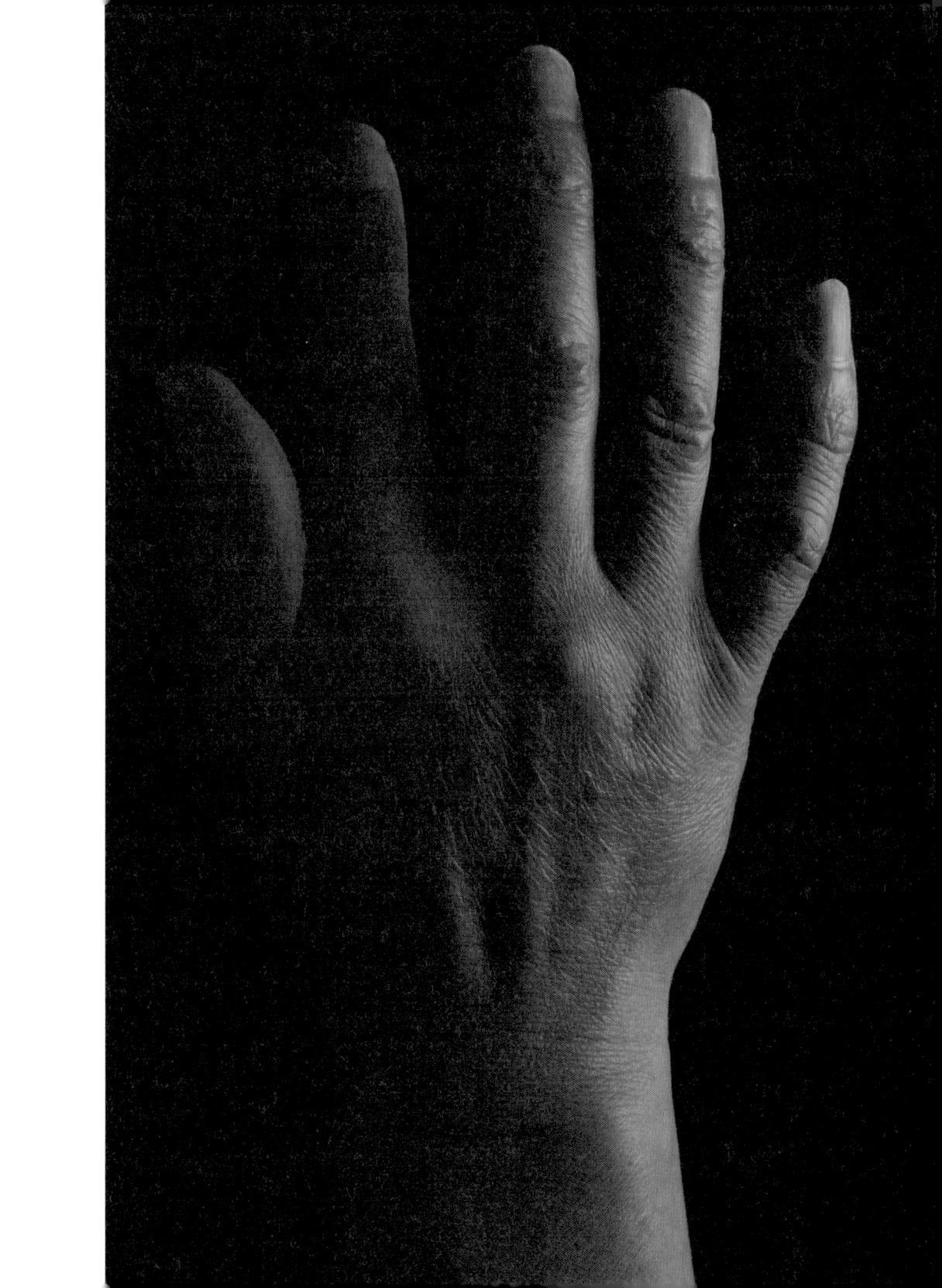

本書の原本は以下に記された方々のご協力ご支援を受けて出版されました。（順不同 敬称略）

薮光生	貝島ゆみ	笠原とも子	渡邉明日香	末木万弥子
㈱虎屋 虎屋文庫	宮下直己	渡辺優子	松坂武子	佐藤保子
うおがし銘茶 築地新店 茶の実倶楽部	清水千恵	芹田隆	平野直子	水野順子
うおがし銘茶 茶・銀座	宮内厚	山崎ひろ子	荒井恵利	稲葉尚美
三鬼紘太郎	池田朋子	土橋慈子	木村洋子	伊藤庸子
岡山修平	原田貴美子	吉野忠光	戸沼佝子	太田薫
米倉尚子	下坂玉起	田村和代	町田裕子	安本恵
柴田喜久	岡島陽子	村上詠美	池田彰	蝶野薫
小川桂以子	山口桃志	佐藤優子	押田美英子	小笠原ゆかり
稲増佑子	古城里紗	松本すみ子	鎌田玲	藤原あき
沼田健彦	和田真理子	佐藤淳子	鎌田園子	田中熙子
星功基	竹林美樹子	山本真佐代	井上雅子	木村光孝
始閤理子	竹谷律子	伊藤賢之輔	岩田寛子	村山なおこ
三田愛子	匿名希望	藤堂よしの	大辻広子	小林あかね
鈴木和弥	岸本司	布施由美子	宮澤啓	市川幸生
藤本紀久子	松丸桃子	柳瀬隆志	小駒宏	山本育代
坂田守史	井上伊都子	真鍋早苗	半澤敏子	瀬戸理恵子
鈴木晴奈	白瀧千夏子	灘波桂子	井上愛子	中島久枝
野崎久子	長谷川豊祐	丸井和恵	綿引悦子	猿川千鶴
坂上真希	大久保恭子	上田喜雄	Franck Michelin	阿部淳子
中山圭子	会津利孝	猪沢則子	伏島由美	太田祐介
林裕史	仮屋さとみ	石井智恵美	岡部清孝	田中あゆみ
川畑洋子	小澤智恵子	鈴木瑛	佐竹千永子	坂元正恵
溝口政子	錦織有史	大谷香代子	岩月すみ江	安田明子
川村美砂子	若見愛美	塩崎進	Yuka Devlin	畑智恵子
高村寛子	藤澤明日香	小瀬慎吾	長島礼奈	阿部泰幸
高橋静枝	地神順子	阿部真由美	高田松韻	稲富滋
平井純子	平塚明希	加藤由紀子	片倉程子	樋野晶子
麒麟 林道子	中田二喜子	佐々木由紀子	松田和子	宮下恵子
佐藤実紀代	松本千恵	緑川明世	稲葉千晶	浜屋さとり

寺田友一	竹内由美	成瀬将大	亀井愛	岩崎三幸
松藤絵美	小野久美子	坂崎紀子	宇佐美桂子・高根幸子	村田裕子
渡邊雄一郎	Kaoruko Michelin	横山浩史	中村柚巴	八尾嘉男
新島正	土井ひろみ	大場伸子	中村祐子	清水みゆき
鈴木祐美子	Masashi Ishimura	榊原武彦	早坂敦子	辻朝子
米倉圭一郎	浅井春美	河西政江	望月美穂子	池田佑子
小関美緒	熊谷智子	Masafumi Endo	善子ボンヌテール	大西ようこ
名古屋輝	今村玲子	横江沙織	下里厚子	松村敏子
半澤和也	松田明	田村さちえ	松村玲子	山中亜紀子
清水純子	杉浦直子	栗谷恭子	小路ひとみ	藤井智子
中山祐子	桜井美紀子	Satake Tomoko	難波真弓	新井浩美
田坂康浩	蒔苗太一	余吾育信	難波修和	渡辺信一
高由貴子	大椛玲奈	Yukari Sone	北原佳世子	中川恵子
木村友美	近藤多香子	仲村明子	長谷川陽子	菱田みゆき
吉村文子	福田実千代	押川晃子	中村倫子	小松美幸
山川洋子	真島紘子	幡井夏海	六天堂 竹田勝之	小松七海
畑石千裕	谷口英之	島崎 眞守	多川喜子	熊谷悠希
安念宏倫	中村由紀	服部佑子	黒田淳子	鈴木慶子
矢部利江	安田恭子	田中晶子	茂手木恵子	半澤久子
辻野佳子	加部美和	川野貴志	永井陽子	中居功
根本裕子	塚本文江	城戸美有紀	宮田まり	武藤明弘
岸部小百合	森田和寛	中村由紀子	山下嘉代子	新井田寿弘
浅井聡	扇一義	高橋沙樹	城戸翔雀	生駒薫
水本麻美	松本由美子	下山伸枝	髙橋久美	南木十和
三好和香	佐藤文昭	佐藤千春	髙森寛子	南木通
猪鼻竹子	金澤幹雄	井上京子	木村りり江	南木康作 佳子
榊伎志	中山政弘	井上あずさ	千賀恭仁子	南木綾
野上純	佐藤広子	八尾谷篤	渡部幸和	南木理子
熊谷洋子	小澤匠	相谷福代	渡部梓	
田口千珠子	鈴木三智子	亀井裕子	権藤洋子	

本書はクラウドファンディングサイト、ミライメーカーズによって集められた支援によって出版された書籍「IKKOAN」をベースに、一部仕様を変更して新装版として出版しました。

一幸庵　72の季節のかたち

2016年6月29日　初版
2023年3月7日　第3版

著者：水上力
　　　南木隆助
　　　川腰和徳

企画・編集：南木隆助

アートディレクション：川腰和徳
デザイン：入澤都美

撮影：堀内誠
レタッチ：山田陽平

制作：佐藤勇太

英文翻訳：メアリーベス・ウェルチ
仏文翻訳：セシル・ササキ

協力：奈雲政人
　　　薄景子
　　　株式会社アマナ

発行者：片山誠
発行所：株式会社青幻舎
　　　　京都市中京区梅忠町9-1　〒604-8136
　　　　TEL 075-252-6766
　　　　FAX 075-252-6770
　　　　https://www.seigensha.com

編集：新庄清二（青幻舎）

印刷・製本：株式会社アイワード

© 2016 Chikara Mizukami, Ryusuke Nanki, Kazunori Kawagoshi
Printed in Japan
ISBN978-4-86152-565-0 C0070

本書の無断転写、転載、複製を禁じます。

IKKOAN

First Edition: 29 June, 2016
Third Edition: 7 March, 2023

Author: Chikara Mizukami
　　　　Ryusuke Nanki
　　　　Kazunori Kawagoshi

Creative Direction&Edited by: Ryusuke Nanki

Art Direction: Kazunori Kawagoshi
Design: Hiromi Irisawa

Photo: Makoto Horiuchi
Digital Edit: Youhei Yamada

Production Direction: Yuta Sato

English Translation: Marybeth Welch
French Translation: Cécile Sasaki

Special Thanks to: Masato Nagumo
　　　　　　　　　 Keiko Susuki
　　　　　　　　　 amana inc.

Publisher: Makoto Katayama
Published by : Seigensha Art Publishing, Inc.
9-1, Umetada-cho, Nakagyo-ku, Kyoto, 604-8136 Japan
Tel +81 75 252 6766
Fax +81 75 252 6770
https://www.seigensha.com

Edited by : Seiji Shinjo（Seigensha Art Publishing, Inc.）

Printed and Bound by: Iword Co., Ltd.

© 2016 Chikara Mizukami, Ryusuke Nanki, Kazunori Kawagoshi
Printed in Japan
ISBN978-4-86152-565-0 C0070

All rights reserved. No part of this publication may be reproduced without written permission of the publisher.